博客思出版社

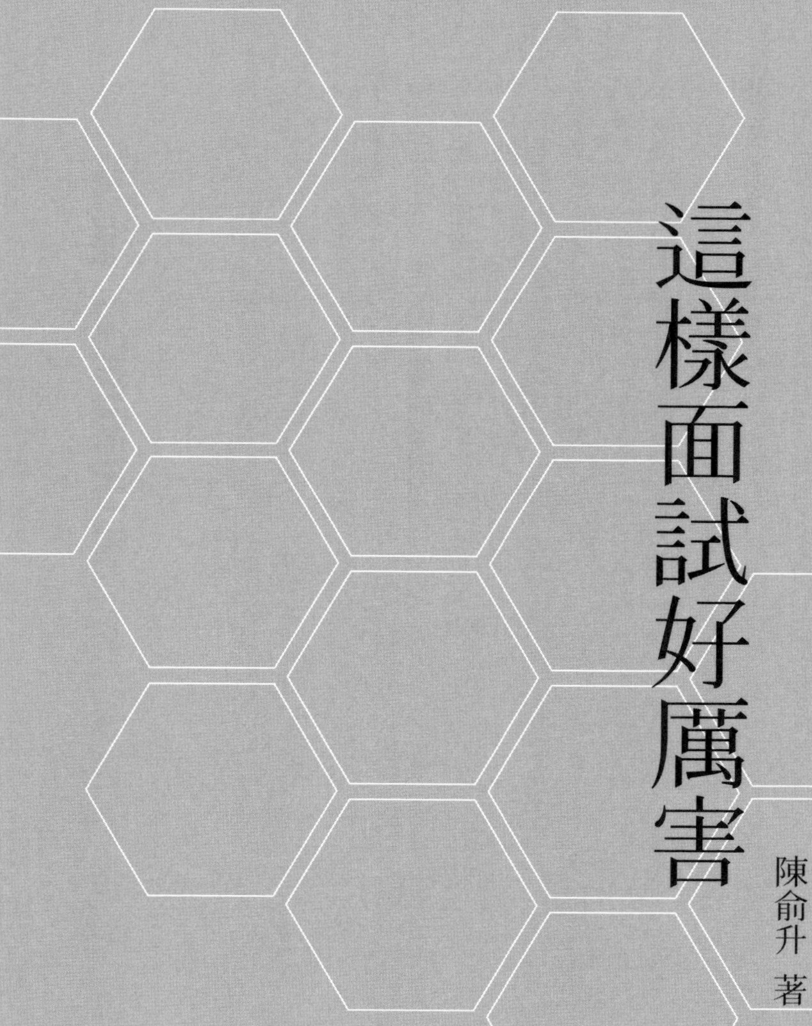

這樣面試好厲害

陳俞升 著

目錄 CONTENTS

自我探索

開始出發（實戰）

面試前的準備

抉擇挑選

嶄新生活

書的緣由

給特定族群的建議

自我探索

老闆挑員工，員工也要挑老闆

景氣不好時候，媒體新聞或雜誌都在報導工作難找，不但低薪甚至還有無薪假的企業。當下我們或許會懷疑自己是否有能力從事理想的職業，心中渴望著只要能有一間公司能錄用我，讓我有基本的薪水可以領就已經是很棒的事。彷彿能有一份工作就可以解決所有問題，或許有工作可以解決家人不斷地催促我們快點要有一份工作。或許有工作也可以

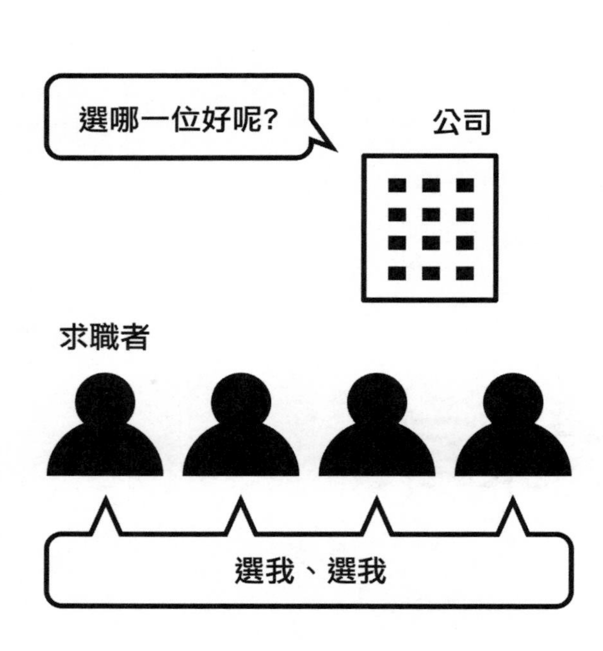

解決不好意思開口告訴親朋好友還在待業中。有工作也可以解決現階段急迫的經濟壓力。所以會覺得，能被一間公司錄取，就已經是很開心的事情了，彷彿只要有工作就是非常美好的人生，但這並不是積極的想法。

其實不光是許多待業者找不到工作，更多的企業也找不到適合的員工，甚至根本沒有人前來公司面試。這並不是少數情形，這與景氣、市場供給需求是息息相關。所以我們如果能了解到，自身從事的工作領域其實還滿缺人的狀態下，恭喜你，你是非常的搶手，請好好的思考哪間公司適合你。

如果覺得自己在職場的競爭力普通，但其實你已經非常具有優勢，因為知道自己不足的地方，此時再尋求答案的你，已經勝過一半以上的人，所以請給自己多一點信心，因為我們一定會成功的。定義好心中最理想的工作，準備嶄新的生涯讓我們築夢踏實。

只要招募的職缺沒有太多相同的競爭對手，我們都還是能有條件爭取比較好的薪資福利。如果是所處的工作領域常態性缺人，這對於求職者是相當有利，因為能有更多公司能選擇，更可以挑選更有利的薪資與福利待遇，來依我們的需求

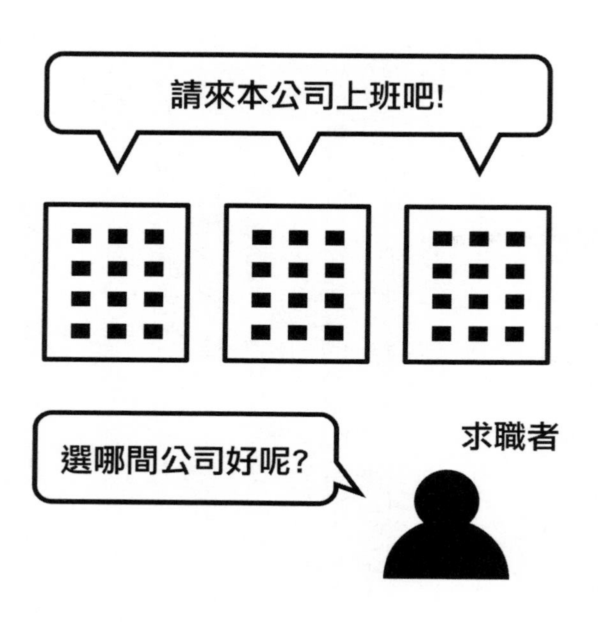

決定要進入哪一間公司。如果公司所提供的福利與待遇不佳，只要有其他公司可以選擇，就不建議貿然接受不滿意的工作，因為工作得不快樂就不可能長久。

從企業經營的角度來看，企業在需要人力資源但找不到適合的員工來做事，公司就無法正常營運，這就導致營運不佳而獲利損失，更影響到公司未來長期的獲利。所以實際上企業經營者與面試主官，在很多情況下跟求職者是一樣的急。

企業並不會無故開出一個沒有這個職缺也無所謂的職缺。不必擔心以為一堆競爭者前仆後繼讓企業挑選，誤以為自己並沒有任何談判籌碼。但其實不少的工作只要稍具備基礎的知識與技能就能有進入職場的基本門檻，甚至很多公司連前來面試的人都沒幾個，主管巴不得你快點來上班，快點填補公司急著想填補的空缺，因為沒人做事，公司就有原本該獲利而沒有獲利的機會損失。

許多中小企業因為人員編制精簡的情況下，或許只有一個人負責特定的專業工作。如果這間企業非常需要你的專業能力，而且是這間公司唯一具備此專業技能的人，那我們在最後就可以有自信談出滿意的薪資，因為你是這公司唯一的專家。

我們不需要悲觀認為只要有工作就好，想著先進入這間公司後，只要努力工作，公司一定會看到我的表現，公司主管會主動幫我爭取加薪，其實大多情況並不如想像中美好，一般正常加薪其實並不會大幅增加。員工可能多付出了一倍的努力，但公司只給員工增加不到５%的薪資。

如果能在進入這間公司的開始就把薪資談高，能有契合我們能力的薪資，甚至有超過我們能力的薪資時，那我們就不會有太大的未來壓力，想著萬一過了試用期，或工作滿一年後，公司沒有幫我們調整薪資的無形壓力。如果我們會在意沒有加薪這件事，就有可能是我們在面試時把自己期望的薪資談得太低，之後的壓力就會卡在公司沒有幫我們主動加薪而感到憂慮。把薪資談好到自己滿意的數字，未來在沒有經濟的後顧之憂後，就更能專注地努力工作。

企業在缺工狀況下，如果只提供很少的薪資徵才，又急需想找到員工，如果這個職缺空著，那企業損失的就不是只有員工薪資的幾萬元，而是可能是損失幾十萬甚至幾百萬，所以只要這間企業有獲利，加上求職者的能力也不錯時，企業就很可能會了求職者調整到期望的薪資待遇。

除非公司主動公開級職薪資，每一個員工的薪

	跳槽新公司	原公司加薪
原薪資	30000	30000
調整	30000+5000	30000x5%
新薪資	35000	31500

資其實都是不太相同，所以不要在意其他員工領多少薪資，所以我只能領多少薪資。薪資是求職者的經歷、職業、能力、人格特質等等許多複雜的因素綜合考量的結果。不要被別人的薪資限制住你想要的薪資待遇。

保險、員工旅遊、生日獎金等福利，企業對同階級的員工可能都是相同，所以不容易針對特定員工給予比較好的福利。但是在個人基本薪資，是可以爭取的空間。除非你非常喜歡這間公司，請不要放棄為自己爭取滿意薪資的機會。

不要被現在綁住未來，有夢想就該實現

或許我們對現在的生活、工作或是人際關係感到不滿意，有著過去不可抗拒的因素與成長背景，那些是我們無法選擇與控制的狀況。然而造就成今日的我們，也是由於過去的選擇與不選擇，所以才有我們現在的習慣、態度與做事方法。如果對現狀不滿意，最重要的做法是要改變現在的想法與習慣，想要改變工作不愉快、生活不順遂的種種，現在開始想辦法改變當下的作法，就能展開不同的人生路線。

改變現在的習慣，就需要先思考，過去是因為什麼樣的事情與選擇，導致於我們對於現狀的不滿意，把過去的前因後果思考清楚，下一步再來想，究竟該改變什麼？是態度還是對人處事的方法？要找出自己的問題很不容易，因為已經養成習慣，所以並不會發現到自己的想法與做法有錯誤需要調整，或是覺得已經無法改變，認為這已經是最好的辦法，但其實是不願意改變自己的藉口。我們要重新思考、檢視自己，找出自己該優先改變的問題。

當了解到自身真正的問題時，再來請務必訂定目標，來確保能有計畫性的持續改變。最困難的事就是事情從來沒有開始。人格特質是自身的努力與選擇了什麼的結果，也是造就未來工作與事業的最主要原因。必須要從自身的改變，才能改變未來，讓下一步的發展能逐漸如預期，這些都是要從自我改變來下功夫，不光只是選擇一份工作或只在當下的工作上努力，還有太多過去的思維是需要不斷修正、更新。

訂定了方向之後，可以想像最後達到的結果，例如是以誰為參考目標？比如是一位學生最喜愛的老師，或成為最開明的父母，那我們

累積容易完成的小成功換一個大成功

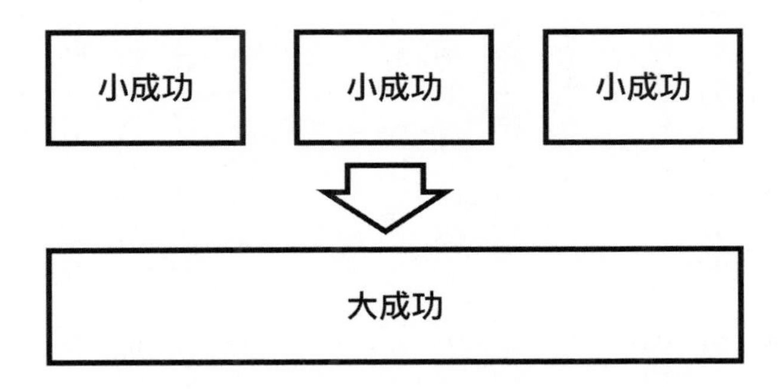

就要開始培養出新的習慣，要培養出不曾有過的習慣很不容易，所以我們可以先閱讀一些書籍與資訊，現在發達的資訊網路，已經可以輕易獲得任何想要知道的一切，只要肯付出時間，先閱讀每位成功人士所分享的經驗，試著思考哪些是當下可以立刻執行。雖然剛開始的起步會不習慣，但無論如何請多設立許多短期目標，讓自己的完成階段從６０分、６５分，慢慢進步到８５分甚至最後到９０分以上，我們已先達到６０分為目標，而不要一直盯著９０分，就會發現其實並不是這麼的困難與遙不可及。

真正要先說服的是內心到底願不願意做！把目標設定好，跨出第一步後，再來就會自然得不需要思考就能持續地跨出下一步，並且持續進行。只要能夠維持一個月，再來持續保持第二個月與半年就不會有太大的困難，因為已經成為了習慣，改變了過去認為不滿意的問題，也就達成原先想要改變的結果。

再將改變做事習慣的態度延續到工作層面來探討。當個人在事業上已經遇到瓶頸無法跨越，或是想要換個工作環境，但因為有太多的壓力，導致無力改變現狀。因為不知道該如何改變，也就沒有改變的打算，持續地在相同的狀態抱怨，卻不想改變現狀。所以從現在起訂下目標並且開始行動吧！把過去不曾開始的事情讓它開始，建立新的習慣與方向，甚至以新的信仰來幫助信心的建立並且改變現狀。

然而要放棄掉現有的成果，去面對一個未知的發展前途，這需要許多的勇氣。因為無法預知未來的結果而感到害怕。所以必須先準備好許多階段性的想法，當我們準備好這些改變，也開始做了第一步的改變，就可以一步一步的實現過去不敢想，或是認為不可能的夢想，現在卻已經逐漸浮現。

不需要擔心夢想會太大無法實現，而是要害怕為何到現在還沒有跨出第一步，一直站在原地，夢想就沒有實現的一天。如果這件事情已經暫停許久，那現在就不必思考太周延，盡可能的快速地先跨出那一步，好好的規劃未來與人生，這是不斷進行時一邊思考的問題，只要我們現在正在進行。

只要設立好目標，改變該改變的態度，就算是最後努力的結果與之前期望不同，但結果絕對比沒有改變之前會好得太多。改變之後更能體會到，原來跨出第一步之後的變化可以如此迅速，而且是超乎想像的快。

評估在職場上的價值與分析自我競爭力

如果是屬於封閉型態的工作職務，很少接觸到公司以外的人或資訊，其實不容易觀察到自己所掌握的領域與技術能力，與其他相同領域的人比較起來，究竟有多少競爭優勢？到底是尚可還是具有競爭力？所以在個人與他人之間有多少各種不同的差異性，這是需要細心觀察多做功課。

假如多年都是在同一間公司，尤其是鮮少有人員流動，且穩定發展的公司，身邊也沒有可以參考比較的同事。所以很少有機會了解其他公司做相同領域技術的人，所以也不知道其他人是否已經學會了那些我還不會的事情，就算是不斷的進修自己，也不曉得自己離開這間公司之後，會是像踏出少林寺一樣打遍無敵手？還是井底之蛙，離開這家公司就沒有競爭力？尤其在網路上隨便一看感覺到處都是高手，好像沒有比我弱的，但真的是如此嗎？當然還是有許多方法、資料可以參考。

就算我目前已有固定工作，每隔一段時間還是會瀏覽人力銀行網站，但目的並不是為了當下要求職換工作，而是可以獲得很多工作方面的資訊。透過一些專業人力銀行網站，可以了解我們在現在這工作領域有多少職缺、需要什麼能力等等，就可以評估出我目前市場上薪資的落點位置。

當然不一定要照求職公司所寫的待遇條件，如果自己的確有具有競爭力是與眾不同，甚至專業能力是這個產業非常迫切需要，就請大膽一點開出比這個領域平均值還要高的希望待遇吧！為了錄取而殺價競爭是下下策，因為雖然獲得了工作，但之後也可能覺得自己待遇吃虧了許多，而不愉快。

評估自己的薪資時，除了參考別人與其他公司所開的薪資條件之外，也請將過去與現在的職位、薪資、工作資料收集起來，也可以去搜尋相關專長領域的論壇網站，了解同儕們都在討論些什麼，該學習些什麼，適時的收集職場資訊，隨時加強自我競爭力，就不用擔心未來有任何失業狀況而束手無策。

如果自己具有競爭優勢，就請不要只開出保守普通的薪資待遇。但如果發現就業供給的工作需求，遠低於與求職者所需要的就業數量，而且求職者近期有迫

高薪資

須關注趨勢發展

供不應求
保持競爭力

職缺少

職缺多

嘗試轉換跑道
或結合其他技能

供過於求
提升競爭力

低薪資

切的經濟壓力，需要馬上支付開銷，就請小心不要喊出過高的薪資條件，因為企業主管在有許多不錯的求職者可以挑選情況下，不太會讓公司多增加原定的薪資配額來聘請員工。所以需要知道有多少競爭對手，來決定你開的薪資。

有許多一流人才或是獲利佳的企業，是很懂得用高於市場行情許多的條件在招募人才。

如果就業人數在供不應求的情況下，企業找不到求職者，也沒有吸引人才的條件時，將薪資待遇提高，才能提高讓求職者加入團隊的意願。比如市場上平均有十間企業在徵求程式設計師，但正在求職的程式設計師數量只有三位，這樣就會有七間公司請不到人才，就算薪資開得合理或只有多一些，也是不容易請得到人，所以公司就必須要出高於一般行情很多的薪資，才有可能把市場上那三位程式設計師找來面試或是錄取，能提出比市場行情高許多的薪資，才有機會能成功招募員工。反之，如果相同技術的求職人數眾多，超過市場上的企業所需要的需求量，那求職者就會搶破頭，甚至要將自己的期望待遇壓低，才有機會擠進公司。所以需要了解自己的技術能力在市場上是供過於求，還是供不應求，將這些資訊準備好，才比較好拿捏，開多少薪資能讓勞資雙方都能認同。

或許我們現在還沒有要離職或是有離職的念頭，或是正在求職中，想要有滿意與高薪的工作，收集職場資訊是非常重要的前置作業，必須要先了解在自身領域裡究竟有多少籌碼。也務必定期了解職場趨勢與市場上的競爭力。

時時了解自己在這間公司之外，是否也能在其他的公司勝任愉快。或是目前的技術是高於外面其他公司的技術能力，但領的薪資卻比其他公司來得少，評估起來低於市場行情相當的多，那就很明顯我們具有談高薪資的價值與優勢。就算我們不需要換工作，但只要知道自己的競爭力相當足夠，就可以不必害怕在這公司會被取代，或是擔心離開現在公司無法有好工作。如果公司未來的制度變得不合理時，我們也能有籌碼跟公司談判。這都是隨時要收集自己的市場能力資訊，假如了解到我們競爭力無法在其他的企業存活時，或是無法再有像目前所滿意的工作，那我們就必須要盡快提昇競爭力。

隨時都要準備好有其他的職涯路線可以選擇，而不是被動地讓公司選擇你的工作去留。如果公司要裁員，勞工通常是屬於弱勢的一方，也不要認為跟到好老闆就能一帆風順，切勿把所有精力都奉獻給公司，不要認為努力工作就能順利做到退休，公司經營一定會有獲利不佳的狀態，未來都有可能會有出乎意料之外的狀況。我們平常就要做好意外準備，要能有下一份工作也能勝任愉快的實力，保持良好的職場競爭力。所以了解市場趨勢時，也能隨時鞭策自己，了解自身有哪些能力不足，或是已經不符合市場所需。

評估是否該對公司忠誠

職場上來說，或許不少人的想法是認為要為公司盡心盡力，要盡可能把公司要求的都要做到。不抱怨公司交代的任務有多麼不合理，或是不要抱怨公司給的薪資太少。聽起來好像理所當然，但有了這些觀念就會誤以為，要接受公司所有包含著不合理的一切。誤認為要努力的做牛做馬做到退休。

我們到底該不該付出所有人生的精華來為公司努力付出？我們必須要去思考的方向，不是為此公司工作，而是該為自己工作，為自己的未來努力工作，這是不相同的思考方向。當然公司付錢聘請員工，工作本來就該做，只要在工作之餘，也思考個人未來的下一步。

在公司工作一段時間之後，相信每一個人都能感受到企業的制度、老闆的態度，到底有沒有為員工的該有安全保障與薪資福利盡力。公司對員工的福利、制度規劃得越完善，員工努力的回報是對公司的支持表現。

如果觀察到公司與老闆對於偏愛特定部門，或是特定員工因為家族企業的身份有特別權力，抑或是公司只為了獲利而不照顧員工，其實這就需要隨時做好，未來下一步的打算，因為若是未來公司的經營出問題，最優先犧牲的就是基層員工，公司只求自保不會為員工的下一餐思考。公司保留退路通常是老闆、高層主管才有的選項，但基層員工並沒有選擇的權力。

所以我們要時時警覺，做好居安思危的準備，才不至於在未來公司出狀況時，員工只能當作被犧牲掉的棋子。身為員工不應該只是努力做事，而更應該要聰明做事，不只要做好現在該做的事，還要思考下一步該做什麼，未來才有更好的發展。盡量讓自己能從事具有發展性的工作，也比較能保持良好的競爭力。

有很多員工是屬於安逸型，他們的技術能力可能跟不上你的腳步，更不用說能讓你耳濡目染的努力向上。公司也沒有給你能發揮所長的空間，那我們必須就該為了自己與家庭，不該被公司限制住你的發展，該考慮離開現有的舒適圈，前往具有競爭力的企業團隊。找到有相同理念、能力比你更好的同事，這會讓自己的步調更快，也能隨時鞭策自己。所以除非公司過去真的對我們幫助了什麼，否則不需要像電視劇一樣，別當個忠心耿耿的老臣，終身只想為這間公司盡力，這是過去式的主僕思維。只要公司限制住你的發展，盡量別戀舊著太多情感因素，導致生涯發展只能被限制住在小圈子內，當未來公司有狀況，而被犧牲掉時，也失去原本該具有的競爭力，那就得不償失了。

做得再差都比沒做來得強大

很多人都希望，在開始工作之前就要先做好完全的準備，因為如果還沒準備好，上班之後就會被公司資遣掉，所以在工作之前就要先學會所有職場該會的技能，或是覺得自己要先做到很棒的程度，再來找工作，這樣的方式太過於嚴苛，絕大部分的工作其實都不用如此。並不用把自己準備到完美再進行下一步，因為事情總是有許多變化。

當覺得從事某些技能就一定需要

學會的技能，可能不是公司迫切需要

技能	學會技能	公司需要技能
A	✓	
B		✓
C	✓	
D		✓
E		

什麼技能，或許會想要先看書學習或是繳了很多學費去補習班上課，這些準備當然需要，但不需要準備到很棒才開始求職，因為要把自己準備到很棒是需要很多時間才有辦法達成，但許多工作並不需要你一開始就是這麼完美，我們也不會曉得到底要準備到多少才符合這間公司的期待。只要有興趣，能有時間做好準備是很不錯，但當覺得自己的工作能力與公司需求還有不少的落差時，也不要氣餒，也可以先從比較入門的工作開始做起。比如想要當美術設計師，不需要先花許多錢去補習班或是苦讀好幾年之後，再開始求職，我們可以努力學習，但不要花好幾年的時間來準備求職。

如果是在學生時期就已經做好工作的準備，這樣的當然很好，但如果準備要出社會，或是已經出了社會，再來才開始要重新準備時，那時已經開始跟工作生涯賽跑了，已經不能再用好幾年的時間慢慢學習。要能提早執行你的目標，千萬不能先隨便找份不相關的工作，晚上去學著未來想從事的工作知識，等到學會之後再來做想做的工作，這想法聽起來很有上進心，但等到完成時，就已經耽誤了許多時間，因為不相關的工作已經佔據了大部分的時間，我們已經不像以前在學校一樣，可以有這麼多時間好好準備。下班之後，不管是體力或精神上都已經累了，學習的意志力也會跟著減少，因為做不相關的工作已經消耗不少能量，不是每個人都有著強者般的意志力。許多人都有上進心的想法，卻很難成功達成目標，因為把目標訂得太遙遠，所以有想法就要趕快去做現在能做到的事情，而不要用苦行僧一樣先鍛鍊好幾年。可以先找相關基本的工作，不需要把工作內容設定的太理想才開始工作，可以先從助手、助理開始，那麼就可以從還沒開始正式從事這職業時，提早接觸到相關經驗，從工作上學習的經驗，遠比自己單打獨鬥花了許多時間磨練來得有效率，一邊從工作中學習相關技能，下班後也持續學習，這絕對是高速度的進步。所以既然有熱忱，就不要害怕自己的準備不足，而錯失了當下的機會，導致方向並不是往希望的未來前進，可能在中途就因為其他的因素而放棄掉，或是被其他的事情佔用掉當初原本所計畫的事情。所以有目標想法很好，但馬上去做才是最重要的事情。

離職也是一種勇氣

在工作了一段時間之後，或許會突然覺得自己想做的其實是不同領域的工作，或許有一些各種狀況理由有離職的念頭，可能因為家庭經濟壓力，或是害怕換不到好工作，覺得自己實力不如人，或覺得在目前公司已經過得不錯，換了工作會更糟糕更不穩定，或者還有一種狀況是，覺得老闆對我也不錯，公司環境也還能接受，還沒到心死的地步所以還沒有換工作，種種的理由導致於自己一直停留在同一個階段，因為已經習慣相同的工作環境，習慣跟老同事一起工作，也習慣當下所有的一切，包含不喜歡的事情。誰都會害怕改變現況，當離開一個舒適圈，去新的環境去做不曾做過的事情，擔心害怕自己做不好，導致未來工作的不順遂。可是人生還有很長的一條路要走，如果不去面對新的事情，永遠就會困在相同的環境。雖然大部分的人都知道這樣的狀況，但要「去改變」，這件事情的壓力實在太大，因為對於過去已經很久沒有改變的人來說，反而需要更大的勇氣來改變。如果已經有這個計畫甚至已經提離職了，恭喜您，您已經是屬於有勇氣的那一群人，因為敢面對未知的狀況，與抗拒不願意妥協的事情，那未來也能不斷地擴大自己的舒適圈。雖然我在轉換工作跑道的經驗也相當豐富，但還沒提出離職前，也是會有許多對未來的不確定性而的擔心，而當我開始啟動轉換工作這個程序時，心中反而會覺得有一種豁出去破釜沉舟的感覺，開始積極準備下一步要做的事情，覺得可以掌控自己的未來，混合著各種正面與負面的想法。從理性的角度或許會認為留在原來的職場比較好，因為有各種理由認為自己應該要留在原來的地方，但或許感性的角度會認為要做出人生不一樣的挑戰，要去選擇真正喜歡的事情來追求進步。要真正做出改變的選擇的確不容易，因為現實的壓力逼得必須從理性的方面去思考，而感性的想法可能會隨著時間而稀釋掉。所以當我最後決定改變時，最大的關鍵點是找到了人生方向，或是敢犧牲掉一些認為可以犧牲的事情，就會想要尋找一些改變，當然看過許多的失敗案例而讓自己也擔心有失敗的壓力，但經過理性的評估，就算再差的狀況，比如薪水比過去少或環境更差，但想著人生還有許多事情可以追求，就算不如預期，但敢去做出選擇，面對自己就算做得再不如意，還是願意給自己機會不斷地做出決定，那每一次的決定也會越來越正確。請信任自己有改變的力量，人生能有所改變，才能更豐富經歷與閱歷。

當心中的想法越來越多時，想要改變自己的念頭也會越來越重，等到某一天自己覺得準備足夠了，那時可能也已經錯過最佳的時機點了，但如果不在很久以前就規劃好方向，放不開目前所擁有的一切，那就很難做出改變自己的任何事情。所以敢做出選擇，不光靠一股衝動，而是做好努力的準備，再來轉換工作也就會更順利。

去做沒經驗的工作，收穫多

當我們想開始從事沒有任何經驗的工作職務，可能因為興趣或有發展性等原因，讓我們選擇這項工作。想要從事不曾接觸過的工作，一開始可能會有疑慮，應該先把要從事工作領域的專長都先學會，再來找工作呢？還是直接到職場去工作？或許我們會覺得過去沒有這項工作經驗，老闆會不肯錄用，或是要從其他的職務，需要多年的時間，才能開始接觸到想要做的原定職務，那我們就會開始猶豫，到底該不該轉換跑道來做這份工作？充滿了不確定性的變數太多就會讓人退縮，只好繼續待在原本的工作，繼續做著不滿意的工作卻又有空虛感。

或許認為想要做新領域的工作，會想要先學會好這些工作所需要的技能，所以就先去四處報名相關課程學習，覺得必須要全部都學會了，才敢去面試求職。因為怕能力不夠，不敢先找這領域的工作，就先去找一份不相關或是自己沒興趣的簡單工作先做，但花了許多時間做並非自己想要的工作，變成了之後累積了許多不相關的工作經驗。一邊想著要存錢去一些短期補習班付費上課，或是一邊唸書想著等考上證照，等這些都準備好了才去找這方面領域的工作，但這些方式都花費太多的準備時間，我們不可能隨時都能先將技能全部準備好，才開始做自己想做的工作，這樣都太慢了，一般公司也不可能會等你這麼久。而且先做別的工作，只是累積了不相關的經驗。或是繳費上課才發現課程這麼困難、無聊，好像跟原本想像的不同，花了太多的準備時間，是沒有必要的。

會想要做很多的準備，或許內心深層的想法是害怕被公司拒絕，害怕自己進去沒辦法適應這工作，害怕自己不懂得太多被公司炒魷魚，害怕自己的表現不如意，所以想要做好非常多的準備工作，才去做自己想要的工作，花了太多的準備時間是事倍功半。很多工作在前期只需要有基本的常識或能力就足夠了。假設今天的能力不足可以先從助理開始做起，甚至可以詢問一下公司是否願意接受還沒有經驗的新人，只要我們之後願意努力學習，其實也不少公司是願意給予機會與時間來學習，來準備好公司所需要的技能，這都是在面談的時候可以跟主管協調討論的內容，不必顧慮太多。試著先投遞履歷與面試主管洽談工作配合的方式，不必繞了一圈才回到想要從事的工作主軸。

很多工作所需要的知識，可以從補習上課、研究深入的書籍等等方法，這些都是有必要的投資，但也請不要把每項工作都認為要全部都會了才能開始。如果真的全都學會了，這份工作我們也不會想要做了，因為都已經學會了，全都太簡單了，已經要往更進階領域發展。或是學了很久，結果公司根本就不需要自己苦練所學會的專長，因為每間公司都會有工作內容的差異性，所需要的技巧也會不同，並不會將上課或書本的內容全部都用上，理論與實務或許有很大的落差。

如果我們想要做一些專業的工作，其實我們只需要先會兩三成，就可以開始嘗試去做這份工作，剩下還不會的內容，等進入到這間公司再去學習補強，我們或許會覺得，這方面知識不足，非常令人不放心，而且被發現技術能力太少會被挨罵吧！可能連試用期都還沒到就被趕走了吧！其實我們不要太擔心這些問題，因為公司會錄取我們，表示有評估過我們的能力，是可以跟上公司所需要的進度，只要我們再持續學習就可以達到公司所需要的能力範圍。其實要學習最有效率的方法，就是直接進入我們想要的職場，實際的累積工作經驗，這才是可以讓我們快速學以致用的方式，因為我們在上課所學都是老師單方面的教導我們，但並沒有太多的時間去重複的學習，最好的方式就是直接在職場上一邊學一邊實作，這樣累積的經驗能力才是最快速。

假設我們真的非常認真，在還沒工作之前，全部都學會了需要的技能，表示我們真的非常有能力，但當我們做了一個通通都會的工作內容，一段時間之後會認為這是沒有挑戰性的工作，因為過去都已經會了。無法在現有的工作中再多學到什麼，只是不斷地在貢獻之前所學會的技能專長，對於之後的發展也沒有太大的幫助。我們要做的工作內容最好要能有四成是我們還不會的工作內容，才有辦法在一邊工作、一邊的學習發展，這樣工作也能做得長久，因為還有很多可以學習的技能，這樣在未來才能有更多的進步空間，不斷的向上提升、發展，等到我們工作內容都會的時候，就可以要求自己做一些更進階的內容。如果這間公司都沒有能讓你學習、發展的空間時，

不要做你已經全部會的工作

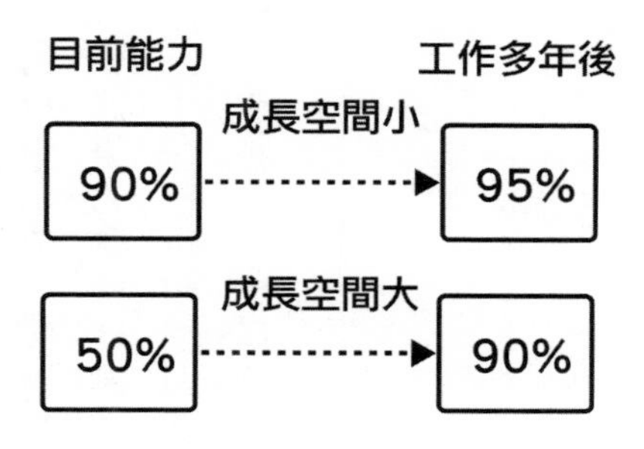

那這可能是你最習慣、舒適的上班模式，如果想要再提升自己時，那就要離開原本的工作職位，或者換另一間公司，做更進階的工作內容，這才有辦法讓自己不斷的進步、發展。

做自己不熟悉的事，的確是一件非常辛苦的苦差事。但可以獲得的報酬就是未來的發展潛力，而不只做過去固定會的工作內容，這樣未來競爭力就會逐漸地減少，因為我們做的也是別人都會做的事情，所以養成求知慾，保持持續學習的習慣，這樣就不怕在職場上被別人取代，而且向上發展的機會也越多，所以要不斷地擴大自己的舒適圈，多做一些不曾做過的工作內容。

開始出發

（實戰）

使用報紙求職的方法

報紙與網路人力銀行是很重要的求職管道，依據求職類型選擇適合的管道。如果是需要大量人力的職缺，報紙會比在網路上的人力銀行找工作來得更快速，因為在報紙上有許多職缺是直接留聯絡電話或面試時間，可以直接去電詢問工作內容適不適合。報紙能選擇的工作數量雖然不如網路人力銀行這麼多，但只要有符合的職缺，報紙是可以優先進行的求職管道，而且一次有太多的職缺，可能反而會不知道該從何開始。

可以試著一次買多家有求職欄的報紙，先把幾家報紙想要的職缺花費一些時間先挑出來，花半天或一天的時候安排面試行程。將電話所想要詢問與口頭介紹的內容，先寫在筆記本上，並將要從事的工作還有過去的工作經驗能在三十秒內說明完成，再來詢問方便面試的時間、面試的時候找哪位人事或主管、面試的地點在哪，面試的時間大約多久等問題記錄下來。

應徵聯絡資訊表

公司	應徵職缺	日期/地址	備註

撥打電話詢問時，就依照所寫的筆記本提醒自己該說明與詢問的內容，將詢問到的資訊抄下來，繼續撥電話安排下一間公司面試。撥電話之前也先準備好筆記本，將待會詢問的內容記錄下來，避免遺漏掉重要資訊。盡量不要只確認完一家公司就馬上跑去面試，如果沒有特別狀況，請先將所有想要面試的電話先全部聯繫後，之後才是開始跑面試的行程。

撥電話連絡安排面試之前，請先用紙筆寫下，電話上所要詢問與安排面試的內容，可以對著鏡子口頭練習幾次，覺得通順之後再撥電話，才不會緊張忘記要講的內容。如果可以的話，撥電話前請先將環境噪音降低，不要在太吵的環境，很可能會干擾到這通面試電話。

雖然撥電話詢問面試內容可能是在家裡，但也請務必穿好比較正式的服裝，穿著整齊，當自己穿著好正式打扮時，也比較容易表現出專業的口條。如果穿著的輕鬆，那在電話中也會顯得輕鬆甚至不穩重，這樣求職的電話中，可能不會有太好的表現。

在撥電話談話時候，不需要客氣到不像在談話，我們可能會不自覺地拉高音量或音調，或是為了緩和緊張，出現了不自然的笑聲。在第一通電話安排面試時，只需要一般的談話就可以了，不用太過表現自己的親和力或是專業能力，太不尋常的談話方式，還沒面試對方就可能覺得你不太正常，所以用平常心去詢問電話詢問就可以了，簡單的提示告知對方我們的簡單資訊或經歷就可以了，剩下的在面試時再詳細說明。

相同的報紙買完後可以隔幾天之後再買，不用天天買，因為刊登報紙一般都是連續刊登好幾天，所以每隔一段時間才會有比較多不同的資料。因為是使用報紙的方式，所以要去面試前，請先準備好紙本的履歷表資料，因為對方公司不會有求職者的詳細資料，所以事先就要先準備好一份，不要到現場才開始填寫資料，而且不會有充分的時間讓我們好好想著履歷內容。因此請事先準備好履歷表，在面試時主管就能馬上掌握重點，知道你有那些專長或興趣等，適不適合在這些職務上勝任。

履歷表的內容不要寫得太簡陋就急著去面試。比如許多書店會賣一些很陽春的履歷紙卡，上面能填寫的履歷欄位非常的少，就好像只是去某間店家消費，填寫會員資料一樣陽春，但是在面試時，面試官會希望能了解這位面試者的資訊越多越好，所以可以盡量多寫一些對這領域有相關的專長、相關經驗等資訊，填寫得越完整越好，提供主管相關參考的資訊，甚至可以參考一下網路上其他人的履歷表，最好花上一天的時間來製作與撰寫履歷表的內容，這對之後我們實際面試是相當有幫助的，也可以先準備好學歷資料或相關的經驗資料，並用透明文件夾整理好一本一本的履歷資料，在求職的時候前往各公司，就可以附上這些文件資料給主管參考，記得不要帶回家喔，請把履歷留下給主管參考，這都具有相當加分效果。

準備一篇五百字的自我介紹

應徵工作面試的人事主管，除了看履歷的基本資料，也會要求自我介紹，希望可以了解過去的工作情況與說話談吐來看求職者的人格特質，也能從自我介紹的內容來額外發問一些之前沒預先想到的問題。除了技術與能力以外，最想要了解的就是人格特質，但這也是最難被評估。所以在自我介紹時，一定要充足練習，才能夠侃侃而談說出心中想表達的內容。自我介紹的內容不宜過長，差不多五百字左右就行了。如果是口頭上的介紹，則準備約兩分鐘左右就已足夠。對於有工作經驗的求職者，在自我介紹的重點就還是強調過去的經歷，例如工作項目、成功執行的專案、為公司帶來的幫助，或轉換工作跑道的原因。盡量讓介紹內容顯得積極正面。如果還沒有工作經驗或是轉換工作跑道，那自我介紹更是非常重要，因為要如何讓面試主管能信任我們所提供的資訊，或是能與其他求職者比較出人格特質差異性。所以求學時的表現或曾經做過什麼事情、遇到問題時的解決問題能力、以及如何準備接下來面對的挑戰，這些都是主管想要了解的方向。如果沒有先將自我介紹準備好，等到臨時被問到這些問題時，就很難能把你真正的優點講出來，甚至把缺點當成優點講，所以要不斷的把這幾分鐘的自我介紹練習流暢，這幾分鐘的內容相當重要，主管也能感受到你的確做了準備，相信進入公司後也能把工作處理得有條理。面試主管看到你的好表現，也能有信心的錄取你。自我介紹的內容是為了給面對面交談的內容提供話題，引導著面試主管對有興趣的內容再次詢問，將文字不容易表達出的熱情，讓口述來加深你的個人印象。

自我介紹寫完後，務必要不斷地唸出來，才能發現文字敘述是否有哪裡需要加強，而且經過不斷的練習後，文章更通順，口述表達也更流暢，讓真正面試時連講稿都不需要了，主管隨口問一句，都可以隨時將你工作能力的重點帶到，能將所想的內容表達清楚，主管也會對你更有信心。

製造大量的面試機會

當有數十次的面試與成功機會時，就不會擔心一旦失敗就一無所有，這會讓你保持信心持續堅持下去。

當我們只有幾家公司可以面試時，就會有不能輸的壓力，求職的心情會令人更容易焦慮，因為只有這幾間公司可以面試，如果都沒錄取就又要重新再投遞履歷。但如果我們有二三十家的面試，那前面沒有成功錄取的面試，正是累積之後成功錄取的重要經驗，而且之後還有許多等著面試的公司在，所以面試時就不會擔心當下沒有表現好而緊張，也因為表現得更自然、落落大方，反而更容易讓我們表現出自信，更容易增加成功錄取的機會。

在網路上丟履歷表的時候，其實先不要花太多的時間在瀏覽應徵內容，例如這間公司適不適合我？工作環境的照片看起來好不好？我的工作專長、學歷是不是符合？還有公司的競爭對手多不多？我們花太多時間在思考徵人資訊的內容，

投遞履歷數量越多，面試機會也越多

沒得挑 有工作就做	○○●
選一間適合 我的工作	○○●○○●○○○●

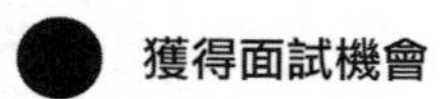

獲得面試機會

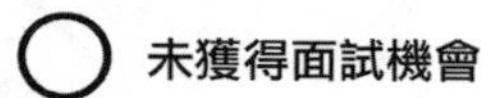

未獲得面試機會

所以一天看下來只能丟兩三間公司，也可能花了一整天的時間，都沒有找到一間公司是適合去面試，花了太多的時間在篩選條件，但沒有實際去看過這些公司，只能從文字敘述來了解過到底這間公司的工作適不適合我。

雖然大部分的公司在職務內容會寫下許多需求條件，但其實不少公司其實並不清楚到底他們想要找的是什麼樣的人，這在很多大企業來說，是很普遍的現象，有些是因為高層要求，所以才寫進去，但真正工作其實並不需要這樣的專長，有些公司可能怕條件寫得太少怕會請不到人，所以寫了十幾樣專長或操作工具，甚至把不相關的技能都列上去，但實際上只需要符合兩三種專長的其中一種，就可以來面試，並不需要全都會。

職缺需求的原因並不會寫得非常清楚，如果都要照裡面的條件來決定要不要丟履歷的話，會造成實際能丟履歷的公司減少了許多，所以求職者不要太去在意求職內容所寫的條件、技能需求，或是覺得這間公司的資本額好像太小或是規模太大？好像要求很嚴格？就直接略過這些公司，這樣就太可惜了。在沒有去實際去面試之前，很多的情景都是我們的臆測，所以工作到底適不適合都必須要去看過、談過、了解過，跟主管實際談了工作內容，才能了解到這份工作到底適不適合我，所以沒實際前往面試不會確定。

投遞網路人力銀行的履歷只要訂好幾個篩選條件，比如居住區域位置，是要能接受的通勤距離，再選擇專長條件，或是我們想要的企業型態，就可以點選這些求職頁面開始投遞履歷，不要花太多的時間瀏覽公司簡介或是技能說明，等到公司撥電話來的時候，我們再來決定要不要面試。

當然瀏覽這些資料的好處是，我們丟這份履歷的時候，會覺得有符合這些需求，可以減少履歷丟出去被打槍的機會、被拒絕的機會，但其實我們不要太擔心履歷丟上去有沒有符合需求，人資自然會先挑選來面試的人，因為可能有很多求職者也投遞了面試資料，所以人資與主管本身就會先篩選過一次了，所以求職者適不適合面試這間公司的條件，讓企業來為我們決定、篩選。或許這間公司來面試的求職者很少，所以也調整了職務的限制條件，而且公司也覺得你已經符合來面試的條件。

如果投遞履歷希望面試的人很多，就有可能有許多比你優秀的人才，那我們也不需要擔心，人資通常也會把你的履歷備存，過一陣子有適合的職缺會再來電安排面談。所以等到面試完畢之後，我們同時就有機會錄取很多家公司，這時候換成是求職者來挑選公司，因為公司已經挑選過我們了。所以我們可以減少許多時間在瀏覽適合的工作，而是把時間投入到實際前往面試，去了解這些公司適合與否。

我們可以花費一個上午、或是一整天的時間，一口氣投遞一百封的履歷，因為一次投遞出大量的履歷就有機會快速製造大量的面試機會。這看似亂槍打鳥的行為，是因為求職者並不是經常在面試、找工作，而人力資源單位的主管，比起不是經常在面試工作的求職者，讓主管先來挑選履歷會是比較好的方式，就能可以減少瀏覽許多企業職缺的時間，快速的找到適合的公司。

面試經驗還不足時的面試或許成功率不高，但有個好處就是前面一開始的面試，求職者會不確定應該要講什麼或要準備什麼內容，來讓公司了解我們。所以前面幾次的面試情況通常很少會表現得理想，因為並不是常常在面試工作。如果很少面試的人，建議把面試難度很高的公司，安排在比較後面幾間，等到我們面試了一兩家之後，就可以掌握面試的節奏，與改進了求職者初期不小心錯話或是忘記了該闡述的內容，也能比較適應面試的氣氛，比較能把求職者的人格特質表現出來。

經過多次不同公司的面試，與面試官實際有了幾次面試經驗之後，就會越來越知道面試的過程之中，我們該表達、強調的重點，才有辦法把優點盡可能的表現出來。原本我們其實有一百分的能力，但因為很少面試的關係，在現場因緊張變成七十分。這就像平常學校在考試，我們雖然念了很多書，有一百分的能力，但因為考試的緊張或是當時的狀況不好，導致考出來的成績只有七十分。面試也是一樣情況，把面試比喻為模擬考，每一次所多增加的面試機會，就像多做了一次模擬考一樣。之後遇到真正想要的工作時，面試當下會有比較好的表現，因為在前面的幾家公司，已經累積了許多面試經驗，所以知道要怎麼介紹自己，以符合這間企業的需求，求職者也能掌握面試主管真正想要的人選是什麼條件，求職者就可以好好地把具有優勢的人格特質、能力表現出來。所以初期面試不成功的經驗，卻是造就之後遇到心中最滿意的公司時，錄取機率就可以大大的增加，因為前面已經有實際地的磨練與面試經驗。

當前往面試發現不是期望想像的公司時，沒關係！這是很棒的練習機會，請將原先就準備好的努力展現給主管。如果遇到超過能力的職缺，不需要氣餒，一樣拿出我們的自信告訴面試官，我們有多麼努力。所以公司如果不如我們的期望，就當作練習的機會。公司所需要的條件超出我們的能力，就當作是一個開眼界與訓練談吐的機會。之後的面試一定會遇到雙方都很滿意、契合的機會，這是因為有了前面不成功的經驗，而造就之後與別間公司的契合。

製造許多面試機會，也會提高錄取的機會。然而也切勿經常性的更換工作，當投遞了數百封履歷表，最後終於找到滿意的工作，但如果短時間內又有重新求職的情況，此時所再次投遞履歷職缺裡面，可能就會有許多前陣子已經投遞過的公司，但也請放心請再重新投遞一次，因為不投遞也只是減少一個有可能面試的機會，所以請不要在意這間公司的職缺是否已經投遞過。其實不少公司的人事並不會發現求職者在過去有投遞過履歷，因為很少有公司有時間把所有求職者投遞的履歷收集起來，所以可能也不會發現到過去是否有投遞過履歷。

筆者過去曾經面試過一家知名的日商遊戲公司，前往面試之後過了幾個月，又不小心投遞履歷兩次，之後兩次也都接到這間公司的人事來電，想要安排面試行程，因為公司一直有這職缺需求，其他的人事員工似乎也並沒有把我面試事件記錄下來，所以發生了這種特例情況。所以不必太擔心重複投遞履歷的情況，只要投遞時間點不要相隔太近即可。

如果求職者已經在業界具有相當資歷，且能力也相當優秀，就不需要一次投遞數百封的履歷。但還是需要將所有優秀企業的履歷都要全數投完，如果我們想要進入一流公司，請把履歷投遞到所有的一流企業，再來挑選最適合的企業。不用太在意職缺所寫的技能專長是否都會，因為你不會的專長，別的求職者也不見得會，不必覺得不好意思，一樣持續地不斷安排面試，不要花一兩天的時間挑選一間最滿意的公司才投遞，因為如果這間公司並沒有錄取你，甚至連安排面試都沒有，那前面所花費的求職時間成本就會大大增加，而且也增加求職的時間壓力。

投遞一些你覺得不錯的企業，直接略過無法發揮才能的企業，但不需要跳過自認為能力不足的職缺，要投遞所有一流的企業。

投遞履歷的工作完成之後，會接到來電安排面試行程，再來就可以開始了解要面試的企業基本資料與應徵職位的詳細內容，盡可能地去瞭解，因為企業希望你一進來就能快速的上手，而且有對企業先做基本的了解，也是對面試主管的尊重。分析自己對於這工作有那些優勢與那些尚未不足，還需要學習加強的技能先簡單訂定目標，之後如果錄取後要學習的時間表，告訴公司你已經準備好之後就職的計劃。

履歷表有什麼該寫或不該寫的呢？

在第一次求職開始使用網路的人力銀行網站，要填寫許多個人的註冊資料是相當花費時間，快則半天，慢則花上數天的準備資料，需要花費許多耐心與心力的重要事情，但這投入的無形成本，非常具有投資效益，請務必努力地在履歷表上仔細填寫，前往面試之前也務必將履歷電子檔案儲存列印，就算家中沒有印表機，也可以直接攜帶電子檔，前往便利商店或學校附近的影印店家輸出列印。

避免太過簡陋的履歷

簡易履歷表
姓名：
電話：
住址：
應徵項目：

千萬不要因為懶得花費時間寫履歷，就直接在便利商店或書店，隨意買一包面試用的小紙卡，只有幾欄空格，只花費幾分鐘就完成的陽春履歷表，這對面試

求職是非常沒有幫助，甚至是扣分的，因為我們連準備履歷的努力都沒有，面試官看到簡陋的履歷資料，可能會認為求職者沒有努力把事情做好的習慣，那進來公司也不可能把事情做好吧！？

製作完整的履歷表真的是非常重要的事情。建議花個一天甚至到一周的時間來好好思考與製作。一開始的基本個人資料填寫都還很簡單，但開始要填寫過去擔任的工作內容與個人的興趣、專長、自傳，看到這些項目就開始猶豫了，有些資料到底寫下去是加分還是扣分？

在填寫履歷的工作項目，可以使用條列式來說明，將重點逐條列出，讓審閱履歷表的主管快速掌握重點。

例如業務可寫：

1. 處理國外業務往來電子郵件
2. 部門業績整理報告
3. 競爭對手資訊收集

例如美術設計師：

1.定期商品拍照修圖

2.產品ＬＯＧＯ設計

3.會場海報設計

4.網站版型設計

填寫履歷表很容易情不自禁，把內容寫得五花八門、過度冗長，深怕遺漏任何一條內容就錯失錄取機會，把人力銀行網站所列出那些其實我們並不熟悉的技術專長都寫入，甚至根本沒做過的事情也填寫進去。履歷寫得太多不相關的內容是無法突顯出重點，反而因為寫太多不擅長的項目，而讓面試主管產生「雖然求職者寫了這麼多，但其實並不懂這些專業技能」的想法，寫得多，只是凸顯自己的弱點。

只需列出跟求職相關的專長技能，不用填寫不相關或不擅長的專長項目來灌水，如果面試主管正好熟悉這些領域，這些專長其實並不擅長，求職者很可能就會答不出來，或是吞吞吐吐，這樣主管就會把全部的專長，都誤認為求職者並不擅長，這樣就很可能把你真正懂的專長忽略掉。

只要把擅長的專長寫進去，不必擔心專長寫得少，主管不會誤認為你懂得少。請將個人擅長的專業技能明確的說明優勢在哪裡。當主管對你的專長感到認同時，也會將核心的專業能力的問題向外擴散，面試時就會問到主管需要的其他經驗專長，這時候再口頭回答其他主管所想了解的內容就可以了。所以不要把所有的項目通通寫進去，只要挑出你真正擅長的專長填入即可。

如果並沒有相關的工作經驗，可以在履歷表的自傳多下工夫，強調為何想要從事這份工作，盡可能把想要從事這份工作的動機寫得清楚，展現求職者對工作的熱忱，過去是因為那些渴望的原因與經歷，或為了這份工作做過了哪些努力，寫出自己的故事來感動面試主管。

自傳不就是寫作文嗎？

第一次寫履歷時，會認為要像寫作文一樣自我介紹，介紹家庭成員，將爸爸、媽媽的職業，家裡的小貓、小狗幾歲都寫上去了，這樣很可能就被「自傳」這字面上的意思綁住了，變成寫個人傳記，寫自己對人生的看法，把很細節的事情都寫進去。其實求職的自傳，用途是要讓面試官了解我們的專長、個性是否可以融入團隊、做事態度是否積極、學習能力是否快速、對於工作是否可以做得長久的穩定度，來判斷求職者適不適合進入公司後穩定發展，這是主管看履歷的用意。

我們不需要被自傳認知上的形式限制住所想要訴求的求職重點。自傳也可以用條列式的方式來介紹自己，不一定要用寫文章的方式呈現。內容也不用寫家庭細節的事情，除非這件事對求職能明顯加分，因為這對於主管在觀看履歷表、從中挑選適合的求職者來說，太多非直接的資訊容易增加閱讀的負擔。主管只有零散時間能閱讀履歷內的重點，快速的從自傳裡挑出求職者有那些經驗或態度是公司的需要。

主管想了解你對於工作上的態度與專長，與其他求職者有何不同，從自傳寫到過去的工作經驗裡面可以看得到你真正做了什麼成果。我們可以在自傳裡面把專業技能與積極的人格特質表現出來。過去是如何學習新技能，遇到挫折是如何面對與解決，這些內容是主管很看重的能力。

不要附上冗長文件資料，或是把年輕在學時期的論文完整附在裡面，寫了太多無關工作的內容在裡面，反而容易暴露出求職者的經驗不足。或是誇張強調了不是自己風格的內文，讓主管誤會你是另外一種人格特質，沒有針對職務重點來說明，就可能讓主管會錯意，誤以為你並不適合這份職務。

履歷可以著墨在人格特質、工作經驗、技術專長、學習方法，對公司發展有正向幫助的內容。撰寫個人的經驗，也要針對所面試的職業類型鋪陳，針對此類型的職業盡可能地描述清楚，為何想從事現在的這份工作，過去的某些經驗與興趣，所以造就今天要選擇這份工作的理由，這些想法可以寫得詳細清楚，說服主管對求職者的企圖心產生信任。

偽裝徵才，其實是要你購買產品的直傳銷手法

在找工作時，明明只是要應徵行政內勤的工作，並沒有想找直傳銷售工作時，卻會不小心面試到不相關的工作類型，在這裡會提出直傳銷，並非我討厭直傳銷的工作，而是有些公司一開始並沒有講明內容，沒讓人一開始就有心理準備知道一進入就是要從事銷售的工作，需要花錢囤貨或購買產品。畢竟求職找工作第一件事都是希望能賺錢，而不是先支出消費。尤其是對於剛出社會還沒有工作經驗的人來說，並沒有預算先消費高價位產品，也不需要在年輕時就馬上要有迫切需求，吃到非常養生的健康食品，這些不是年輕人最先要講究的事情。我們當然需要追求健康、追求體態，但高價產品是需要先讓自己有滿意的工作與收入穩定，再來進行更高層次的享受與服務，因為要先讓自己的肚子能吃飽。

有些直傳銷會利用演講或表揚大會，甚至假借開出行政等徵才需求，引導許多人在不知不覺中，進入直傳銷想給人衝動消費的情境，因為我們會以為單純的經驗分享，由感受人生有意義的課程導入購買與消費，透過許多包裝的手法，讓人覺得這間公司非常美好、非常棒、非常有意義，不但可以得到健康還可以賺到大錢，這樣的包裝，讓人當下會覺得是非選不可的好工作。盡可能的讓你投入過多的時間與資源在這間公司內，盡可能的在你還保留美好的憧憬時，要你當下馬上消費購買帶來希望的產品，或是加入會員成為團隊的一份子。透過許多包裝過的商業話術，例如機會是不等人，或是要你證明自己的工作熱情（購買產品），來展現出自己有多想加入這團隊的積極度，來讓自己成功。使用卡內基訓練或是許多心靈雞湯的故事分享，來引導你加入。直傳銷告訴你必須要積極，才會有工作，必須要現在爭取消費才會有機會。看起來好像是要展現態度來看你對工作與事業的熱情程度，但實際上只是想要打鐵趁熱，要你立即消費，才能達到他們的業績，又能變成他們的有緣人（直傳銷的下線）。

如果想充分的了解工作內容，知道這是一間直銷傳銷公司，可以透過網路上的資料收集評估，了解網路上各網友對於這間直傳銷正面與負面的評價，唯有透過詳細的資訊收集，才能理性的評估自己到底該不改從事直傳銷工作。選擇直傳銷的工作，其實並不應該靠著感覺或當下信心滿滿就貿然投入不理解的領域工作，這樣的狀況最後幾乎都是血本無歸，或是過著表面看似光鮮亮麗，但其實不但賺不到錢，還因為尋找下線的壓力，讓人每天睡不安穩。所以對於求職者來說，如果有遇到某些公司，不斷的鼓勵你，試著點燃你的熱情，讓你充滿希望卻有許多當下覺得奇怪的不確定感，一定要小心，不要當下答應，先回家上網做好相關功課，了解這間公司與產品評價，到底這些產品與服務，是否是迫切需要？是否要先消費或分期刷卡這麼多錢？先支出負債去追求看似好像擁有了事業，實際上只擁有了產品。當心任何一切要你花錢的公司，一旦沒有思考清楚就貿然投入，不但無法變成賺到錢的贏家，反而成為最大的輸家。

如何分辨要你花錢卻不是賺錢的假工作

求學打工階段與初入社會階段時，因為還沒有豐富的求職經驗，所以會先找門檻比較低的工作內容，或是同學、朋友介紹，容易遇到還未賺錢卻先消費的工作，我並不是排斥直傳銷工作，而是排斥偽裝成在徵一般行政職缺，實際上卻是在拉人入會刷卡或付現的變形直傳銷公司。我們都聽過老鼠會，甚至聽過多層次傳銷的獎勵制度，實際上我們並不容易判斷，當下所遇到的狀況，到底是不是身在一個會被拐進去消費的假工作。

如果需要你掏錢消費的工作，很可能就是這間公司最主要的獲利模式，因為這些公司會盡可能隱瞞你，其實你只是一個消費者，而並不是這間公司需要你的某些工作專長。公司會塑造把你當成這團體的一份子的假象，但其實是希望你消費完之後，再去找其他人進來消費。

我曾經面試時遇過一間公司，一場面試同時有一群人一起面試，將面試分成好幾個階段，每個階段都花了一天面試，所以三個階段就花了三天面試，而我也發現每下個階段的面試求職者越來越少，營造出我們是被挑選出來的優秀人才，但其實是那些人已經發現不對勁，早就不再參加這些洗腦課程，當時我覺得有點困惑，明明面試只是徵一位行政人員，卻不看我們未來成為行政人員所需要的相關能力，而且全部員工包含主管在內，所有人年紀都相當的輕，他們把所有的時間，都花在跟求職者談希望與願景，看起來他們並沒有其他的事情在忙。而且完全不看求職者過去的專長與學習態度，說了許多好聽的話，例如只要你來這裡，其他同事會教你怎麼認識更多的朋友，會讓你從工作中又能獲得快樂與健康，一堆跟公司求職不相關的事。在最後第三階段面試過程，主管說現在面試的求職者還是太多了，所以現在有一個考核的方式是，要各位在今天把公司的產品推銷出去，推銷的方式不限制，只要各位能把產品推銷出去，這就能證明各位對這份工作的積極度，公司就會認可各位的努力。這公司利用我們花了許多的時間求職，和當下要立刻做出行動的急迫性，其他公司內部成員，就在會議結束後，再開新的小組會議，鼓吹教導求職者當下可以刷卡消費，或是跟家人借錢，立刻消費購買，來換取錄取工作的機會，而且事後還可以退款之類話術，來降低我們的戒心。當時我的確有想著跟家人借錢刷卡，但內心對整件事情還是覺得很奇怪，去工作的確是需要認識公司的產品，但這並不是要消費才能認識公司產品，這並不是一般工作上班該有的面試流程，所以我就上網查詢這間公司的相關資料，發現了許多負面訊息。那時我還是跑回那間公司詢問主管，為什麼要用消費來證明自己的積極度，而不是用其他方式，溝通的很久，那年輕的主管認為我是在找藉口不賣掉公司產品，也就是不消費公司產品，但最後我是說，請再給我一天的時間考慮這理由，趕快溜回家，不再僵持下去。

以前跟朋友去一間公司面試，情況也是跟著一群人一起聽課，演講者不斷的介紹公司的產品有多好，十之八九都是直傳銷居多，一般去求職，通常不會出現一堆求職者坐在一起聽課的狀況。正常的公司不會花這麼多的資源與時間，來介紹公司有多好，不斷的找一群人來面試，通常一份工作很少會有超過四五個人以上來面試一間工作，除非是流動率高的工作。如果不小心面試遇到直傳銷的工作，要好好的思考，這份工作內容是不是跟原本期望的工作內容一致，或是這是一份要你先掏錢的工作，那請千萬不要當下或當天就做出決定，因為衝動的決定，很可能就落入一個巨大的陷阱，而令人後悔莫及，不但沒賺到錢，還欠了很多錢。

服裝穿著打扮與攜帶道具

對於面試的穿著打扮想法，或許曾受過電視、電影的影響，覺得面試都是要穿著西裝去面試，這在日本的職場是如此，但在台灣許多企業來說，並不是每間公司都需要穿著西裝面試，而且反而會有弄巧成拙的狀況。

曾經求職遇到的一個經驗，當時前往應徵網路拍賣的美編設計工作，到達公司門口正好也遇到另一位求職者同時來面試，那位求職者是穿著西裝，而我只是穿著是只是半正式有領子的休閒襯衫，配上牛仔褲與休閒紳士外套。老闆先面試那位求職者，但不到十分鐘就換我面試。老闆對我說的第一句話就是說，剛剛面試的那一位覺得不適合。老闆就提到因為這間公司是屬於網路拍賣服飾的公司，所以對於穿著西裝打扮來面試，西裝在這裡的環境有衝突感，加上面試用詞過於正式、嚴謹，與這間公司想要辦公文化上有落差。當下反而老闆認為穿著打扮與談話要休閒一點，反而比較適合在網拍公司上班，與公司文化上更契合。所以去面試時，如果主管穿著休閒，而你穿著太正式的西裝，或許反而讓主管有壓力。

在電話中安排面試時，先詢問清楚面試當天建議的穿著打扮，如果沒有特別說明，至少還是不要穿著過於花俏的襯衫或T恤。務必不要穿拖鞋或休閒涼鞋，穿著乾淨、平整的衣物即可。選擇服裝的種類是要與企業和工作職缺有相關。需要穿著西裝面試，比較常見是應徵業務或主管職缺，所以如果沒有西裝的話，也不要認為因為面試就跑去買，因為可能根本就不需要。

由於面試彼此都是第一次接觸的情況下，除了工作領域的話題之外，穿著打扮或許可能會是引起題外話的好道具，當然我們甚至可以準備一點小道具，來引起面試主管的好奇。

舉例另一次求職面試的經驗，當時前往應徵業務工作，這間公司是從事文教業出版與代理文教業相關的周邊產品，我對這間公司名字一直覺得耳熟，後來在家發現曾經有買過這間公司所出版的電腦書籍，因為當時是應徵業務，老闆有要求在面試時要先準備好十分鐘的簡報，簡報要介紹這間公司產品基本介紹，想要了解求職者對於業務的技巧能力與對這間公司產品掌握了多少。在講解簡報的過程中，就把當時所看過這公司的書籍適時的拿出來，並稱讚這本書與這間公司的用心，這讓老闆印象深刻，也藉機讓老闆知道，求職者確實有花下心思與努力過，攜帶一些加分的小道具，也具有說服力與加深主管的視覺印象。

面試過程中，適時拿出一些小道具，雖然不一定要跟應徵的工作有直接關係，但是可以透過介紹自己的過程中，增加一些故事性與樂趣，比如拿出過去學習所做的筆記本或書籍，來說明個人在學習上是具有熱忱、求知的態度，也因為這是過去曾經努力過的證明，所以在未來也會那樣的努力來為公司付出心力，適當的帶出一些輔助道具，述說著過去工作或在非工作時的時間安排。主管可能常聽到面試者的說明，卻很少看到什麼實際的東西。能有些看得到的成果，一定會比口頭說明地介紹來得更吸引人、更具有說服力、也令人印象深刻，請開始尋找你過去所做過的一些東西或資料，這些可能都是很好說故事的道具喔！

自我介紹

在自我介紹的時候，面試官並不是真的想要知道求職者的成長背景，或是不相關工作的動人故事。面試主管是希望在藉由自我介紹的過程，來思考求職者的專長、人格特質，能不能在公司有向心力、好好地在這間公司穩定的工作與努力向上發展，不希望新進員工有太怪異的行徑讓人無法掌控。員工或下屬可以為公司或部門產生多少的績效與利潤，這些事情才是主管真正關心、在意的點。新進員工是不是像其他優秀的同仁一樣好溝通、自動自發，或是有著其他同仁所沒有的能力、技能，可以互相彼此學習，為公司帶來新活水。

自我介紹的用句與態度是需要不斷的重複練習、修正才能流暢，重點是與面試主管的互動溝通，而非像獨角戲一般的背誦內容。把已安排好的演講內容，變得能像朋友之間的談話，可以很自在、流暢的生動傳達。即使在過程中有任何意想不到的狀況，也能自在順暢的切回面試主題，談吐氣度與自信也會油然而生，讓面試官對你有沉穩、值得託付的好印象。

無論在自我介紹或是回答問題時，盡可能地放慢講話的節奏，甚至在關鍵的重點上，再刻意的放慢速度與加重口氣，可以讓聽者明確的知道現在所強調的是重點。一般談話的音量可以稍微偏小聲，可以讓聽者會想集中精神，好好地注意聽講內容。如果說話音量過於大聲，其實很容易讓聽者產生疲勞感。在講解的過程中，可以注意聽者的反應，觀察出主管想聽的重點，或許會有一些與平常不一樣的反應可以觀察，例如主管聽到有興趣的話題，眼睛會睜得特別大，或是身體開始朝你的方向向前傾，或是原本手是放在桌下，改放在桌上，開始注意聽講內容，或是開始會偶爾看你的眼睛，這都表示出主管對你所講的內容有興趣或有些想法想詢問。然而察言觀色的能力，是需要經驗與時間慢慢培養出來，雖然可能來不及做好這些練習，但可以從簡單的談話速度放慢開始練習，談話速度越慢能讓你有時間思考問題，還能觀察到主管細微的表情語言。

如果談到主管有興趣的事情，主管會針對剛所講的內容發問更細節的內容，想要再聽到更多的看法。反過來說，當主管對你所講的問題不感興趣時，做出來的反應可能是稍微看一下手錶，或是看看角落某個地方，即使那邊沒有什麼物品值得吸引目光。遇到有點話不投機的內容時，這時候就可以簡短結束話題，再繼續介紹下一個主題。如果想要掌握對方內心的肢體語言，很推薦的一本書是《ＦＢＩ教你讀心術》。

內容上可以安排較多的比重來強調所學的專長能為公司帶來什麼樣的獲利及好處，明確地告訴主管，個人的專長跟其他相同領域的工作者有什麼不一樣的差異性，讓主管知道你是個特別的人，並不是只會被動聽命令做事的人，而且還會主動的學習，主動的幫公司思考如何解決問題，具有良好的自我管理能力，不是被動行事而還能主動出擊。

一間卓越的公司最重要的是能穩定發展。員工除了把事情做好，更重要的是同仁之間能彼此幫助、學習，能聽從主管的領導與交辦事項。主管如果帶領相當多的下屬，也會無法對每個下屬都仔細地吩咐事情，他可能會充分授權讓下屬放手去執行，會希望下屬能夠一點就通，還能提到主管所沒注意到的事情，這就是自我解決問題的能力，而不是只有被動接受命令才行事。

曾經在一次面試的經驗裡，主管詢問我自認為的專長與這間公司目前所最需要解決的是什麼問題？其實主管就是在思考，這位求職者進入公司後，能不能為公司解決所欠缺的問題。如果回答能一針見血，講出一個不同角度的看法與可行的建議時，就看到主管點頭如搗蒜，看來似乎有講到主管想要獲得一些不同的答案。盡可能地站在中立的立場來評論員工與公司之間如何合作愉快，不是只用求職者的角度來看問題。其實有時候連主管都沒想到自己所詢問的方向是什麼，甚至有些問題是主管不好意思直白地詢問，又無法表達質疑你能不能完成任務的時候，如果求職者能直接點出問題的重點，並思考自身能不能做得到，主管對你的信任度就會加分。

對於公司所提出這項職缺需要解決哪些問題時，有個回答方向可以參考，例如先將所聽到的問題整理過再解釋自己的認知是否有誤，來提出公司目前有哪些迫切需要待解決的問題，與求職者個人目前所會的專長有些差異或許無法立即解決問題，但是請主管給我一些時間，來把尚未不足的知識與技能掌握住，就能完成公司所需要的任務。畢竟這麼多的專業領域、與每間公司工作都會需要不同的技能比重，一定會有很多技術是別間公司不曾接觸過的專業知識，所以如果有真的不懂得技術領域，可以主動地提出自己還需加強的技能，請公司給予時間與資源，盡可能的主動學習將過去不曾接觸過的能力補足。當然一般建議時間不要超過半年還是一年這麼久，因為一般公司沒辦法等你這麼久來驗證你到底做不做得到，最多是在試用期來驗證這位員工的可造性。

公司用人方式分為三種類型，第一種是可以讓經驗少的新進員工慢慢學習，但起薪不高，另外一種是即戰力，一進入公司就是要立刻上工，但通常薪水會願意給予特別高，願意以別間公司高出不少的給薪待遇，來徵召用人。第三種就是會了很多基本功，但在某些方面還不足，但由於你有了其他的技能，所以公司會信任你能把剩下不足的技能學習好，自然會給你時間讓你學習。而且跟面試主管提出時間，也是給主管一個承諾你有自主管理的能力，主管也比較能放心，主管也會擔心，履歷表上寫的跟你講的承諾的事情，會不會有很大的落差，所以也不要誇大內容，明明需要非常多時間才能學好的技術，告訴主管這很簡單，幾天就能學會，那信任度就會大大的扣分。

比如我們去店家挑選產品，通常都會思考產品看起來設計得好像不錯，但實際用起來真的如外表那樣好嗎？所以我們盡量用客觀的角度來分析自己的專長與特質能為公司帶來什麼影響，但又有某方面的不足，是否可以用其他方式來暫時處理，或是在多一些時間來補足目前能力上的不足。

不需要把自己包裝得非常完美，適時地說出自己目前還有哪些不足需要學習的地方，還有哪一些小缺點在，能誠實坦然說出缺點也會讓主管比較能放心你說話的可信度。沒有誰能完美，所以不要塑造出完美的形象，因為根本不可能，這會產生一些問題，例如主管都不希望員工自認為很強，容易不聽從指揮，整個部門就會一團亂。主管也會害怕遇到完美到不尋常的員工，所以說出一些小缺點，也能讓主管知道你是個懂得傾聽、懂得評估自己能力來決定如何執行任務的人。

在面試時，除了講出個人優勢之外，最好也能自然地說出待加強的部分，請說出小缺點，嚴重但可改變的缺點請想辦法修正。適時講出缺點反而是非常大的加分，能放下主管防禦的心理。主管也不用太去猜測在過度包裝的好聽話之外，是不是隱藏了什麼看不見的問題存在。

投遞履歷表的時機點

一般投遞履歷表的時間點，個人習慣是選擇在星期二至星期四投遞履歷，因為假日可能是其他求職者，較能有時間投遞履歷。所以在星期一的時候，人事就會收到比其他工作日還多的履歷表，在這麼多履歷表之下，人資或主管沒有這麼多工作時間來慢慢瀏覽履歷，或許就不會注意到你的履歷資料，而星期五可能是放假前最忙碌的一天，有可能沒有時間瀏覽應徵者的資料，而留到星期一挑選。所以避免投遞履歷事倍功半，才把投遞履歷設定在星期二至星期四的工作日。

避開在主管忙碌日時寄送履歷，可能會被忽略

星期	收到履歷數量	主管忙碌程度
一	✉ ✉ ✉	★★★
二	✉	★
三	✉	★
四	✉	★
五	✉	★★

接到面試通知的處理

丟了海量的履歷之後，通常隔了一兩天就開始會有公司撥電話來安排面試時間，這時候因為工作通常不會只丟一個地區，可能會跨不同的地區，所以習慣上會先把區域分類排到同一天，例如A區域安排在星期一，B區域就安排在星期二，這樣如果又遇到有在相同區域的面試，就比較好安排在同一天面試，可以較有效率地跑更多行程，不用太擔心主動提出面試時間會讓對方公司覺得不禮貌，只要簡單交代一下那個時段有些事情即可。

在電話口頭上詢問時，也記得要一邊紀錄好公司抬頭與面試時間與地點、當天要找哪一位長官面試，評估好面試結束後是否足夠前往至下一間公司面試。找出地圖將路線行程都先畫出來，先將行程確認好，才不會面試當天不熟悉路線跑錯了路，還有路程時間上盡量多抓半小時比較好，算得太剛好，通常都容易遲到，這是面試大忌。如果時間上真的來不及，盡早就先撥通電話去公司說行程上有耽擱，會到幾點才到達，比較不會讓對方主管白等，留下很不好的第一印象。可以安排一下這個路線選擇適合的交通工具。不要因為時間抓不準而太狼狽的滿頭大汗跑到面試現場。

記得一定要給自己保留中午吃飯的時間，安排面試不要選在中午12:00至下午1:30點之間，因為這是許多公司的休息時間，也盡量不要約下午五六點時間。看面試的工作類型，一般是抓一到兩小時的面試時間，有些甚至還會先安排考試或將求職者集中面試，那整個面試時間可能就需要半天了。

我通常會安排上午10:00、下午2:00、下午4:00，一天三場，這樣一週排到滿就會有十五場面試，不過通

依工作區域排定日期

日期	台北市萬華區
5/3 星期一	AM 09:30 鴻岳企業 PM 14:00 花爾公司 PM 17:00 大方有限公司

日期	新北市板橋區
5/4 星期二	AM 10:00 精緻實業 PM 14:00 強棒文教

常也不會剛好都能排滿。這樣的面試馬拉松其實也不是很建議各位使用，其實安排一天一至兩場其實就可以了，只要面試行程持續在進行，就不必擔心找不到工作。

掌握老闆個性來適時調整求職內容

在求職的時候，公司老闆不是只想找一位聽話的員工，也希望新進同仁，未來能擔任重責大任，做許多其他同事沒辦法擔任的角色。或是這個新職缺，有很多不確定性的工作內容，需要能夠主動，甚至能將過去經驗與作法帶入公司的員工，形成一個新的團隊氣氛與新的作業流程。所以在求職時，我們可以不光只是做好公司主管所交付的工作內容，還可以展現個人獨特的能力與見解，讓主管知道這位員工與眾不同，這位員工不但能做

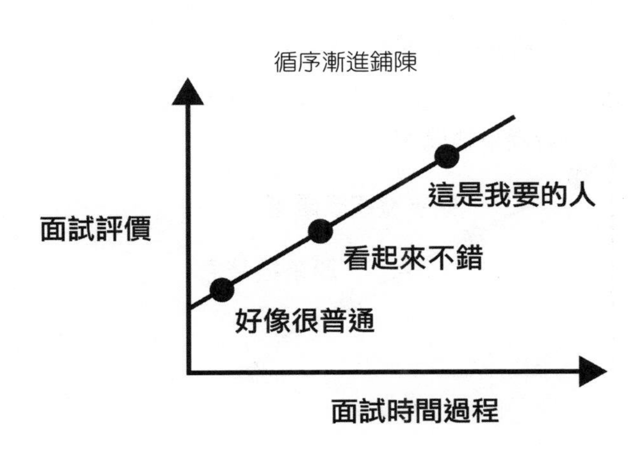

好託付的工作，未來還能擔任著領導同仁的重要幹部，這對於公司的經營者來說，通常是很樂觀其成，認為優點多於缺點。

我們不需要太在意自己的談話是否太求表現，或是認為不小心講了超出能力的事情而懊惱。適時的提出對於工作積極面的想法，也將過去工作覺得很棒的作法事實提供出來。要提出這些想法與具備領導者特質的介紹內容，其實也需要視情況而陳述，並不是一開口就馬上滔滔不絕的展現自己的能力與未來期望，而是將這些內容放在中間或後段的時間。從面試的過程中，做出像作文般的起承轉合內

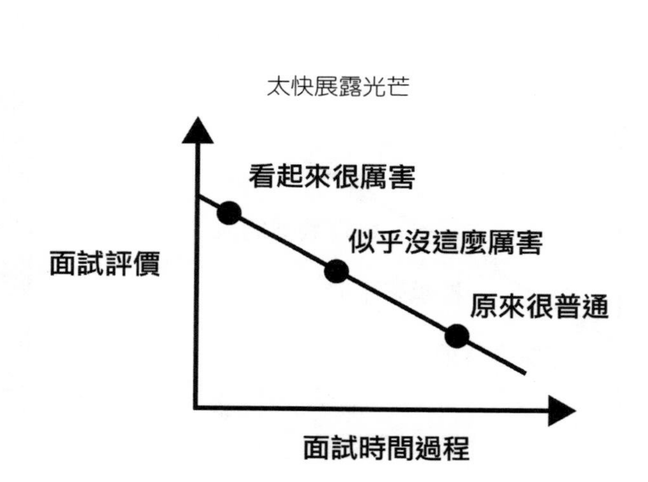

容，當主管了解了你的基本能力後，再開始鋪陳個人獨特性。一下子就把最優秀的一面展現出來，反而容易加深主管對你的疑慮，會思考這個人是否太吹牛、誇大。循序漸進的讓主管知道你是一個好人才，而不是馬上就知道。

讓面試官知道你能有其他選擇

面試偶爾會遇到的狀況就是主考官對你的印象很好，在時間許可情況下，很可能就會花比較多的時間與你深入聊天，其實也可以先跟主管提醒一下說你下一場在幾點的時候還有一場面試，這其實也是暗示主管還有很多公司在找你，等著你去面試，這樣有個好處是顯得你是很搶手，很多公司可能會馬上決定要錄取你，覺得挑選你來面試的決定非常正確，因為也這麼多公司認同你，找你去面試，主管對你有興趣的話，就會想要趕快的讓你知道，公司想要請你來上班，也比較會開出比較高的薪資，因為你可能有很多間公司在挑選，公司就不太可能開出偏低的薪資來詢問你的工作意願，因為你很可能會被其他家公司用高薪聘請走。再來還有很多小細節，都可以慢慢地突顯出你是個職場上炙手可熱的人物。

假如之前有面試過知名企業，有機會可以假裝不經意地提到目前有在跟哪一間知名企業面試，還會再安排下一個階段面談，那麼主管就會對你更有信心了，會認為你擁有那間大企業所擁有的水準，以知名企業的名聲巧妙地建立了無形的品質保證。這樣主管就會想要加緊腳步，怕你被那些大公司搶走，因為如果大公司要用你，你可能就不會選擇比較小間的公司，這樣小公司就會想要快點找你進去，主管搞不好還有賺到的感覺，好像有請到要去大公司的員工一樣。但如果講得不好，搞不好會讓主管誤以為你嫌我們這間公司小，最好是在歡樂、輕鬆的情況來提到這件事會比較不容易被誤會。

有些面試的人資會問你之後有沒有下一間公司要面試，通常這也是在盤算公司是否要繼續在等待是否有更適合的人選，可能覺得你不錯了，但也會想要再碰碰運氣看看，就會想要了解你之後是不是有其他面試，如果有的話，他們太晚決定，可能就會錯過錄取你的機會了，因為你隨時會答應某一家公司的錄取條件，也會開出比較漂亮的薪資來邀請你加入公司，因為開得不夠高，你可能就會選擇其他公司，之後要再開高找你也不容易了。

但假如你透露出的訊息是目前只有這間公司面試，那這間公司就會放心地慢慢地繼續挑看有沒有比你優秀的人，所以盡可能地讓公司知道你不是只有這間公司可以選擇。

其實很多公司都是相當缺人，不管是小公司還是大公司都一樣。再優秀的公司也不一定就能找到優秀的人才，這是供需問題。

為什麼要離職？負面的問題，正面積極回答

我們面試都會希望能給公司好印象，所以通常不會想回答比較負面的問題，例如為什麼要離職？為什麼這麼久的時間沒有工作？為什麼學歷不高？為什麼沒做過正職工作？許多負面性的問題或許會讓人難以啟齒，也沒想好怎麼回答，很可能就順著這個負面問題去思考，當下可能表情嚴肅起來，或是開始滔滔不絕批評之前的公司，甚至講著講著還生氣了，但就算說得再清楚、合理，也很難能加分。所以會想排斥這些問題，其實是很正常的。但有大多數公司都喜歡把這些問題，當作必問問題之一，所以這些都是逃避不了的問題，那我們就必須要好好思考，用正面積極的態度回答。例如可以婉轉回答得清楚，因為有很多狀況，並不是自己的問題。例如上一份工作只做了兩個月，像這樣的問題，主管在還沒詢問之前，或許可以考慮先聲奪人，直接在自我介紹內容直接說出原因，例如前一間

公司想轉型新事業，但因為我待的新部門，不賺錢而被整個裁撤掉，雖然只在那間公司待了兩個月，但也給了我不少學習收穫。如果過去的公司令人厭惡，也請不要老實說出之前老闆或同事太難相處、雞蛋裡挑骨頭，或是說工作每天都在加班、公司的薪水很少、事情每天都做不完，像這些事情直接講出來，雖然是事實，但也可能新主管也有著同樣的缺點，當下講出來的話，很可能沒經過修飾過於刺耳，而且講得太激動。主管可能思考的是，這求職者抗壓性是不是太低？難相處的原因或許是在你？常常加班是因為做事能力差？所以避免要讓面試主管容易導向錯誤的想法。如果真要講負面的事情，那一定要委婉解釋，例如之前的公司其實相當不錯，但考量工作發展已經沒有成長空間，想要再獲得更多的成就感，期望自己能成長更多，而之前公司制度比較難讓我做更多的變化，所以希望這份工作讓我能做更多的發揮，讓我跳離出過去公司給予的小型舒適圈。

我們必須在還沒去面試前，先將這些不容易回答的問題做好沙盤推演，如何將事情能婉轉並且說明的點到為止或是條理分明。這些事前練習可以讓回答不會扣分，甚至能提高主管對你的信任度與好印象，還能深感認同。

每一個人對於為什麼要離職這件事，其實都相當清楚，但卻很少會想把比較負面的原因，好好的重新思考並解釋清楚。為什麼離職？這看似簡單卻是很不容易回答得好的問題，若能把想講的事情講得好，不想講的事情能婉轉的修飾好，是非常重要的加分項目。

面試前的準備

在準備要進入面試公司之前的半小時或一小時，請提早到面試地點的附近，找一間咖啡廳或是公園，或是便利商店的座位裡，先複習一下待會面試可能會需要的資料，再利用時間練習自我介紹，想一下要怎麼說自己能為公司帶來什麼樣的價值，能幫公司順利的完成工作。也可以在家看著鏡子練習面試的內容，前置作業有許多好處，例如不用擔心在自我介紹時，突然不知該從何說起的窘境，或是說得七零八落、漏講了很多自己的專長與特色，那就少加了很多分數，因為面試的時間或許只不到一小時，所以最好要先練習好口頭說明的重點。

面試前的排演練習還有個好處，能夠展現出積極度將熱情點燃起來，事先掌握好面

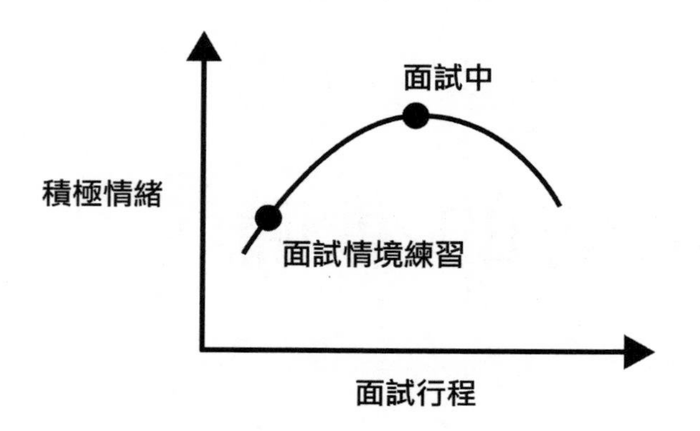

試的情緒。如果沒有先練習，到了現場，可能會有點不知所措的緊張，因為還沒準備好，所以就不知道要如何展現熱情，也容易沒有自信，或表現出來好像對工作的事情並不了解。所以先整理好面試的思緒，面試官一定會感受到你的熱情，感受到你對工作的積極度與掌握程度，是一位有備而來的面試著，將你的好表現延伸到未來實際工作時，也會像現在一樣，能將事情處理得得體、恰當，所以主管能非常放心地將工作託付給你。

在口頭練習面試的內容之前，可以先擬定好內容，條列式的列出專長、態度等重點，例如當開始自我介紹的時候，就可以開始講之前的工作主要負責那些工作事項，或是能跟工作上有相關的成長背景也可以簡易的說出，在前往面試時，記得先準備好面試講稿隨身攜帶著，如果有空檔時間就可以先練習，等到真正面試時候，就會有不錯的成績。

面試的節奏

我們在跟面試官做自我介紹的時間裡，總是希望能盡快地講到重點，將專長、興趣、人格特質讓主管知道，越急著想要說出重點，反而在不知不覺加快了說話的速度，就會讓聽的人也不自覺跟著緊張起來，過程多了莫名的壓力，讓面試官想要急著快點結束這場面試，顯得這是一場不太愉快的過程。

在進行報告面試時，盡量地放慢講話的速度，讓聽者可以放下心來慢慢地聽講內容，也能一邊思考接下來想詢問的問題，面試氣氛就能愉快輕鬆，自然就不會太在意面試花費的時間。如果只是報告片面的內容，並不具備這方面深入的知識，就會不自覺想要快點帶過這個話題，不想讓主管發問，那這點其實就不應該提出來，因為連自己所講的內容也並不瞭解。

當主管問到專業問題時，請依照平常說話的速度來說明你的想法跟做法，如果聊到生活、興趣相關的輕鬆話題，就可以自在帶著笑容輕鬆地講，像跟朋友聊天的語調就可以了，不需要拘謹的用詞，這樣主管也不會覺得對方好像緊張、準備不足，誤解平時與同事會不會有不好相處或溝通問題，所以面試如果不習慣展現出積極與熱情，那也盡量的表現出平常心，來展現個人的特質，也能控制面試氣氛節奏。在每一段重點表達完畢後，請留下一些空白的頓點時間，讓主管可以有機會來詢問問題。慢慢說話還有個好處，就是能一邊思考更好的用詞與接下來的話題。

在面談的過程中，因為彼此都還不熟悉，所以不需要太刻意的一直微笑或是刻意要做討好對方的舉動，因為這會顯得我們是經過包裝，整個行為舉止就容易看起來不太自然，就像與陌生人談話，但對方卻表現得跟你很熟的樣子，反而會覺得疑惑是否對方是否有企圖。不是發自內心的真正舉止，那就無法如實表達你真正的人格特質。盡量在聊過了一段時間，或是主管想要跟你聊輕鬆、幽默的話題時，此時再適當的露出覺得好笑的表情就可以了，如果明明普通的內容，硬要擠出笑容都會顯得不自然。

面試就是在推銷自己

如果我們沒有業務或公關方面比較多與人談話的工作經歷，沒有特別在交談內容有經過特別訓練，可能會不清楚要如何去客觀介紹自己，把優點讓主管知道。我們過去可能大部分的時間都是專注在工作內容中，比較少注意到自己到底與其他人有什麼樣不同的優勢。或許我們認為口才不好或能力還不足，所以沒有辦法很有自信地把自己的優缺點介紹得很清楚，講到真實的內心話或許還覺得害羞、不好意思，但其實，沒有一定哪種個性或談話技巧就是具有絕對優勢。或許有位主管不欣賞你，但下一場面試的主管卻對你讚譽有佳，雖然沒有任何一種求職方法能絕對的成功而不失敗，但對的方法可以找到與自己磁場相同的公司，才能一展長才並且長長久久。

面試主管對於求職者的選擇，或許會喜歡個性外向，或者喜歡談話輕聲細語顯得有獨特氣質，這都是跟主管的主觀喜好有主要關係。如果求職者個性過於強勢、明知不懂的問題卻硬要胡亂解答，那麼個性再外向、再能言善道也不會討人喜歡。主管可能也不會接受喜歡與主管爭論的員工，甚至不喜歡能力比他強的員工，這會令主管感覺到威脅感，擔心無法控制得住這位員工，而讓主管更頭疼，所以在一般職場切記要隨時注意是否因為口直心快而說話傷人。

不管是主管找部屬，或是平常交朋友都是希望能找跟自己接近的想法、個性，甚至興趣都能相同。如果是陽剛型的主管，會比較喜歡部下是溫順、好配合。反之陰柔型的主管是可以接受想法果決、喜歡提出不同意見的員工。這些都是跟主管的領導風格有關，與其說主管是會找會做事的人，其實更是想要找到個性更契合的同事。

我們去百貨公司購物，如果遇到專櫃人員不斷口沫橫飛地一直推銷產品，卻說不中我們心理面其實並不想要他介紹的東西，而且聽久了還有點累。反而是遇到親切的服務員，簡單的問候一聲，就靜靜在看得到的別處，等候我們有需要的時候才來介紹，這樣的服務員能讓我有輕鬆購物體驗，當我們有需要建議或了解資訊的時候，服務員再將熱情或專業內容提供出來，不用滔滔不絕的介紹，反而更容易說服我們接受。

我們在面試的時候，其實就像業務員在推銷產品一樣，只是我們是去推銷自己。投遞網路履歷就像是把廣告ＤＭ投遞到信箱一樣，有興趣的人（公司）就會打電話來跟你詢問，再來我們就會像業務員一樣登門拜訪，對消費者的訴求產品的必買原因，也就是求職者的能力為何能符合貴公司的需求，至於如何能把個人優勢清清楚楚的表達出來，其實這也是需要不斷的重複練習。如何讓消費者（面試官）覺得的確非買（錄取）不可，不買可惜。其實推銷自己是一件很有趣的事情，畢竟我們在生活中並不會有許多機會來介紹自己的專長、個性、與別人不同的差異性，平常沒事突然講出來，別人還覺得你在炫耀，但去面試不但有個人想聽，還會繼續的找出你的其他特色，能不能對公司有所幫助。對於個性比較內斂、內向的人來說也不用覺得自己不太會說話，就不會被面試官吸引。只要我們能把自己的專長能分項條例說出重點，講出對於這些專長的想法，其實這也就足夠了。

面試的起承轉合，就是一場精采的電影

如果我們沒有業務或公關方這類有較多與人談話的工作經歷，沒有特別在交談內容有經過特別訓練，可能會不清楚要如何去客觀介紹自己，把優點讓主管知道。可能過去大部分的時間都是專注在工作內容中，較少注意到自己到底與其他人有什麼樣不同的優勢。或許我們認為口才不好或能力還不足，所以沒有辦法很有自信地把自己的優缺點介紹得很清楚，講到真實的內心話或許還覺得害羞、不好意思，但其實這沒有一定哪種個性或談話技巧就一定具有絕對優勢。或許有位主管不欣賞你，但下一場面試的主管卻對你讚譽有佳，雖然沒有任何一種求職方法能絕對的成功而不失敗，但對的方法可以找到與自己磁場相同的公司，才能一展長才並且長長久久。

設計自我介紹的內容流程

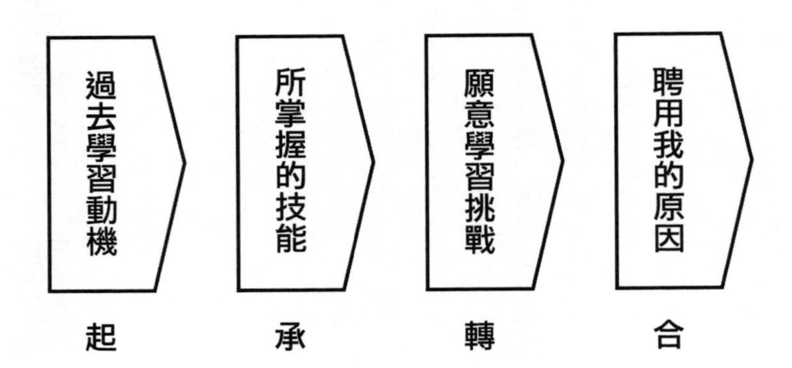

以客觀的立場來訴求能為公司帶來的利益

不管是面試者還是企業人事單位在徵才時，最怕求職者過度了誇大能力，或公司誇大了獲利與看得到吃不到的福利制度，這都是求職者與單位主管會擔心對方過度包裝形象。

求職者擔心主管所講的好處與實際看到的有出入，相對的面試的主管也是擔心請了一個看起來好像很強，結果狀況百出的員工，而且請神容易、送神難，所以在勞資雙方彼此之間都會很小心謹慎地挑選人才與公司。

我們必須先想好一套客觀的自我介紹內容，在口述練習時注意自己是否有不自覺或不小心誇大了內容，明明自己並沒有這個長處、優點硬加在自己身上，就很有可能被對方發現到你其實並不懂這些專長的錯誤資訊或是語病，主管只要發

不要過度包裝自己完美形象，讓主管覺得不可信

自我評價	主管內心想法
100分	不可能
90分	可信度高

現犯了一些最基本的小錯誤，就會認為你並不擅長這些事情，因為面試的主管或是人資都會有相當多面試人才經驗，如果求職者膨風，經過許多社會歷練的主管們，一定會發現求職者的言行不一致。所以千萬不要誇大自己的能力，可以試著從旁觀者的角度來介紹自己，介紹過程中盡量不要從「我」這個角度來自我介紹，而是用他人的角度來介紹這位面試者的經歷與專長，說明這位面試者目前的能力，可以為公司解決什麼樣的問題，可以解決什麼樣的狀況，只是有一些能力與經驗上還有些尚未不足的地方，但評估起來是可以順利完成公司交辦的事項，從這種方式，看事情的角度就像是一位來協助解決公司需求問題的工作者，而非只是為了錄取拼命而吹捧自己有多厲害，這都會增加對方的防衛心，因為看得出來面試者是否只是要一份薪水，而不是真心為了工作。

當過度包裝自己時，對方防衛心也就越強。而當你適時的陳述自身的優缺點，客觀的評斷能力與尚未不足的地方，這反而是個大加分，但前提是不要講出非常嚴重的缺點還期望公司接受，所以要多多思考，只陳述對公司並不是影響非常大的缺點，讓主管不會太在意這個人的缺點，也會願意去了解對方的優點，因為了解到面試者會自我反省修正，主管就會放心讓員工做出一些挑戰任務。

除了客觀的分析自我，也從公司的立場來看公司需要的是哪方面的專長人才，可能有些方面是公司還尚未使用，如何幫公司創造出來主管都沒想過的價值時，面試者的能力就能被突顯，提出主管沒注意到的其他需求。雖然我們的專業能力並不是一百分，但對於主管來說，其實是需要一個願意配合、好做事的員工，專業上或許需要七十分就可以了。理念想法契合的人，會比過度包裝成一百分的人來得實在。

遇到無法回答的問題如何回答

我們一定很希望面試的過程能順利，所以會想做好萬全準備，希望自己不會被考倒。希望自己講的答案，都是最完美的答案。但其實很多狀況，無法讓人能依照著所原先的計畫，而無法順利著進行。通常可能會被問到，只有這間公司才有的獨特知識或技術，所以只要試著去想，公司並不是真的為了要考倒面試者，而是想去了解你，對於所有的工作內容，目前能掌握多少，人不可能生下來什麼都會，當然面對工作也是如此。所以如果遇到什麼都會的工作內容，反而或許可以去思考，是否可以找到一間更棒的公司。那也正因為不是什麼工作內容都會，才會有讓人能在新工作持續學習、進步的價值。所以並不是要讓自己表現完美，而是要如何去回答得平易近人，公司對於增加新血的期望，其實是需要新進同仁能與其他同仁順利合作，能夠沉著冷靜與遇到不懂的狀況時，能妥善處理，而並非真要人當下就能完美解決問題。

答不出問題時，或許會覺得慌張，腦袋一片空白，因為太緊張，給了自己過多的壓力，已想過的答案，卻突然忘記如何回答，當遇到不會的問題，請放寬心，讓自己自然的回答就好，例如：「這個問題我現在還不知道如何解決，還需要多一點時間思考，可以晚一點才回答嗎？」或是可以回答「目前還不知道，但未來的確要好好的學習，補強目前所不懂的技術。」遇到不懂的問題，盡可能不要簡單回答一句我不會，而是要回答出，雖然現在不會，但會努力找出答案，請在給我一些時間與經驗，未來就能把這些問題處理得好。把努力改善的態度表現出來，讓對方能理解到自己是願意學習與改變的未來新同仁，而不是遇到狀況就兩手一攤的問題者。

問不到的答案請點到為止

面試的過程中，會有一些問題或狀況，對於面試主管不方便說明，或許是公司內部較為隱私機密，或是一些不成文規定，也有可能是缺點，各式各樣的可能性，所以主管知道但卻無法回答的事。但畢竟每間公司的狀況不同，尤其是處理人的事情特別複雜，每一位主管對遇到狀況的接受度與處理方式也不相同。所以有些問題主管沒回答到你的問題，可能不是他沒聽懂或不願意回答，而是無法明確回答，問過一次的問題，如果沒接受到想知道的答案，其實心理就可以大略知道，這其中可能有無法透漏的答案，就不用繼續追問下去，因為事情可能就如你所想像那樣。

再繼續詢問下去，很可能讓雙方都陷入尷尬氣氛，讓對方產生反感。所以為對方留下台階，也是一種禮貌。就像交朋友一樣，通常也會顧到對方的面子與想法，所以互相尊重，也讓自己保有對這份工作選擇的機會，而非直接過於直接的回答，而失去多了一份能夠選擇的工作機會，對主管來說，如果未來的新進同事能察言觀色，那在同事相處之間，勢必能減少不必要的摩擦。請盡可能的將一個問題，只詢問一次，盡可能記住主管回答內容的細節，之後再將內容的重點仔細的思考一番，相信會比當時不斷詢問答案，顯得沒有深入思考對方回答的問題的狀況所要獲得好印象要來的多一些。

HR逼問薪資底線

我們在面試的時候或許只想到期望待遇是多少，卻沒想到最後所能接受的薪資是多少，以最低薪資的底線來說，因為每間公司會有不同的優點與缺點還有給薪標準都不同，或許是工作內容很吸引人，也可能工作距離相對比較遠，所以不應該在面試每一間公司都用同樣的標準的薪資待遇，但人資主管不斷逼我們薪資底線時，其實我們腦中並不會有一個最低願意接受薪資的好答案，因為這間公司才剛來面試，根本就還沒為這間評估公司打好分數，就有可能會開出過低的薪資或是把最低接受薪資守得太緊，導致沒有被錄取。每一間公司或是不同專長的職業，薪水都會有不同的彈性空間。所以被逼問最低接受薪資時，當下會不知所措而思考半天，當回答了一個之後會讓自己後悔的待遇條件，之後也來不及反悔，而之後如果進來這間公司，卻因為當時面試所講了一個過低的薪資待遇而煩惱不已。

在面試當下被詢問最低薪資底線時，這其實是影響未來工作感受相當大的關鍵，所以要避免講了一個會自己後悔的薪資，盡可能讓自己滿意在這間公司工作與你的薪資是相符合，甚至更滿意，我們會害怕失去一份原本有機會錄取的工作，所以往往會接受人資主管所開出來的薪資條件。其實可以轉個彎，間接地說出為何我們開出來的薪資是合理的，比如工作距離比較遠，所以通勤成本會考量進去，或是薪資參考之前公司待遇，之前的公司福利很好，自己也是不斷的再努力，能力也比以前更好了，所以最低薪資目前來說還是能盡量不要有落差。

在一開始寫薪資時，最好就先將自己所期望的薪資再寫高一些，這樣在人事固定流程一定會問到最低薪資時，我們就能有薪資降價的空間，如果求職者連最低薪資一毛都不少的情況下，可能會誤顯現出態度過於強硬的觀感。所以先將期望薪資寫稍微高一些，這樣最低薪資就可以放心的向下修正，讓雙方都能有台階下，有各退一步的空間，所以不要把期望待遇訂得太死，留一個可以降價的空間給人資主管。當然也要有一個但書就是，如果公司最後開出來的薪資低於這個條件，那就一定要謹慎的評估，因為每一份工作的條件都不相同，公司不見得就會以期望的薪資回應我們，所以也可以留下點伏筆，例如可以講說如果公司能提供的薪資不如我預期，也希望公司能夠通知我差距有多少，我會好好的在思考公司所給我的待遇是否其實已經是相當合理。這樣一來就比較不用擔心自己把話講得太死而失去錄取的機會。

補充最低期望薪資

因為我們或許都曾經遇過的經驗是，當時接受的待遇過低，之後開始工作之後發現明明做同樣工作，工作比別人還努力，薪資卻比別人還低，這並不是少見的情況。可是過去已經談好的薪資條件，之後就很難再爭取，但因此要去換工作也是非常掙扎的事情，因為已經花了太多心力找了這份工作，也不知道下一份工作到底是好是壞，或許工作各方面是滿意，但因為薪資過低而讓自己在生活品質或心理上覺得吃了悶虧，又很難調整薪資到自己滿意。所以一開始容易接受過低的薪資，當下或許增加了你被錄取的機會，但造成未來職涯工作上，薪資難以大幅增加的失落感。所以寧願薪資價格能盡可能接近滿意，如果真不小心因此失去機會，但只要持續面試，都應該會有能接受與賞識我們的企業。所以也是強調一間公司所能接受我們的薪資有非常多的原因，不光是因為我們的能力或是市場行情就是如此，而是這間公司是否有預算能聘請優秀的人才，所以某間公司無法給你理想的薪資，不代表別間公司也是如此。所以要找得到與我們相符合的公司，不會跟員工斤斤計較的企業，以資方來說最重要的是評估請來的員工能帶來多少獲利，而不是只想用低薪來節省公司的營運成本，如果公司為了幾千元而不錄用優秀的人，這也表示這間公司獲利率也不高，所以本來就請不起優秀人才，那我們就不必委曲求全接受低薪的公司。

尋找理念契合的工作團隊

工作目的不光只是為了薪水來養家糊口，我們不斷努力向上爬，會有更多想要努力實踐的目標，想要定義自己在某方面的成功，而邁向更進階的過程。在事業發展上就會想要尋找理念契合的公司或工作團隊，想找到想法與目標與自己相同的公司，這是需要花費時間不斷的去了解，多去面試才有辦法遇到我們所期望的工作。

理念契合的工作團隊，可以加速我們在職場工作生涯規畫的發展速度與進步空間，如果遇到的是想法、理念不相同的公司時，就很有可能因為許多方面的不滿意、不契合，導致在工作方面無法盡心盡力，心情也變得容易疲累，因為做了不是我們想要做的事情，也沒有辦法有良好的解決方式時候，這間公司對我們來說，就沒有太大的意義，因為不是自己認同的方式來工作，變成只是在為了糊口飯吃。所以職涯發展是需要好好規劃，來為未來的自我價值實現而努力。

抉擇挑選

接到錄取通知怎麼辦？

對於錄取工作會感到振奮，但請冷靜。

不要急著答應隔天上班，通常公司會希望你快點上班，避免被別間公司搶走，因為事後拒絕，他也拿你沒輒。但也不要急著拒絕，如果對方急著要你答覆，先答應，但請延後上班錄取報到日期，在分析工作是否符合期待，別馬上中斷後續的面試，除非很滿意，否則建議您繼續面試。

如果我們採用大量投遞履歷的方式，一般來說會比慢慢地丟履歷所獲得的面試機會快速，也不會需要到幾個月的時間才能求職成功。所以如果求職待業期間過長，請務必思考自己的求職方式是否需要調整。正常來說投遞履歷的數量與面試機會是呈正比，所以投遞的履歷數量充足，那面試機會也會相對增加。只要持續不斷的前往面試。一定會有某幾家企業是相當滿意你的能力與條件。

只要面試十家公司，通常會有一間公司是希望聘用你。如果能力表現優越，那就會有更多公司提出聘用通知。再來要擔心的是，我們是否太倉促決定工作。或許以前的經驗認為只要有公司錄用我，就是令人非常開心的事情，所以接到錄取通知就立刻答應了，但真正開始工作幾天後，可能就發現不是當初所想像的工作內容，或是令人無法接受的工作內容，所以我們必須要先做好接到錄取通知時的準備，想好當下該如何回答及抉擇。

如果使用大量投遞及面試工作的方法時，很可能一開始接到的錄取通知，其實並非是所有面試裡最喜歡的一家公司，當這家公司要錄用我們的時候，這時候最好不要當下立刻答應，或是回覆我們要再想想之類不確定的模糊答案。接到錄取通知的電話，許多人事單位可能會當下希望你能馬上決定同意來公司，也會想要馬上希望確認你的報到日期，但很可能我們之後還有好幾場面試要進行。

工作就像是買車、買房，需要多看、多挑、多了解，但接到來電通知錄取並詢問何時上班時，也不是當下就要馬上接受錄取或是立刻婉拒。獲得錄取通知的當下並不是「是非題」來回答，而是能協調確定同意的時間，因為一旦決定工作，這份工作可能就是需要待上好幾年的時間，也影響著未來的生涯發展，所以同意或婉拒聘用，都是需要經過深思熟慮。以下有幾種回答方式可以先參考。

1. 非常感謝這間公司這麼的看中我，很希望能加入貴公司的行列，但是最近已經先排定好了面試的行程，已經談好答應面試行程，對方主管對我也很有興趣，一直希望我去面試，所以實在很難婉拒後面的行程，所以希望能再給我一些時間，跑完行程後一定會馬上通知貴公司，原則上我還是希望成為貴公司的一份子。

2. 很希望能加入貴公司的行列，但目前還有別家公司也決定聘用我，所以希望能給予幾天的時間思考。貴公司給我的團隊氣氛或是未來發展相當的好，其實我是傾向希望能成為貴公司的員工，但因為一旦工作就是好幾年甚至很長久的事情，所以希望多給我一些時間好好的評估，如果沒有意外的話，我其實心裡是傾向選擇前往貴公司，但還是需要一些時間來理性的評估與思考。

有公司打電話通知我們錄取，當下一定會非常高興，可能想都沒想就答應了，但後面或許有很多更好的工作機會，而沒有機會去面試，這樣相當可惜。工作就是要多看多了解、多挑選，所以不要草草決定馬上就進去某間公司，工作一陣子才發現這間公司不適合我。我們必須減少一段時間就換工作的狀況，所以我們就必須謹慎挑選，要多了解、多看公司，而不是馬上就進去某家公司試看看，做不習慣就換，這對之後的人生歷練與履歷表的工作年資來說，都是很不利的事情，請盡可能多花一兩周甚至半個月一個月的時間，來挑選真正覺得對的公司，而不是只要有工作就好的低標準。如果在經濟需可能狀況下，盡量多花時間挑選公司，才不會變成好像不斷的循環找工作、換工作，這樣的過程其實是增加了許多待業中的時間成本。所以盡可能的挑好對的公司，在對的公司好好地累積經驗與年資，再來盤算下一步的發展與規劃。

如果當下來電通知就需要求職者馬上決定，其實我們也不用太在意好像有馬上答應對方是很不禮貌的事情。誠懇的表達想法與當下無法馬上決定的原因，帶著感謝的態度，來感謝公司對我有信心，可真誠表明「自己其實也是非常想要成為貴公司的一份子，但是後面的行程已經答應對方了，實在很難突然取消掉後面的行程，所以請再多給我一些時間，這些行程結束後，我會馬上回電給您。」只要不要把自己的口氣表現得很驕傲，覺得自己很厲害，公司來電的主管或人事，通常能認同求職者無法馬上決定的想法。畢竟公司也是希望能找到最適合的人才。這些都是需要花時間來彼此互相包容等待。

我到底要什麼如何決定是否要到這間公司上班呢？之前的工作經驗有哪一些是很希望、渴望的事情，比如希望工作環境比較舒適、同事相處感覺很融洽，或是離家近，在下班後的剩餘時間可以進修、學習或多陪家人之類的因素，把這些因素放進這間公司來思考，到底這間公司是否都有符合到所想要的條件，如果都有，就可以馬上答應，如果很多條件都沒有的話，就持續面試行程，同時也盡可能的不要馬上回絕掉要錄用你的公司，或許之後會覺得那間公司其實有符合你的需求。或是後面的公司很明顯的不會比現在錄取你的好的話，那就可以盡早的回覆錄用你的公司，但原則上還是希望不要電話一來就馬上答應，一定要給自己思考的時間。

當然，還是很有可能碰到公司要你馬上決定是否要進入公司，尤其在中小企業或是很缺人的情況下，就會希望你明天就能來報到，立即補滿公司的缺額。如果實在推不掉、也不保留給你思考的時間的話，比較暗黑的方式就只好當下先答應，跟人事單位表明：「願意到貴公司工作，但最近家裡還有些事情在忙碌，所以需要一些時間才能上班，請貴公司稍等我幾天。」接著請繼續跑面試行程，跑完之後再決定到底要不要進這家公司，也就是我們先答應，先拖時間去面試，再來決定，這樣也比較不會有兩頭空的情況，這樣的方式可能比較不道德，但如果這家公司真的不給你時間思考，很強硬的要求你馬上決定，那也只好出此下策，之後看到更好的公司就回電給他一些理由，比如以前公司老闆找我回去，或是親戚的公司要我去幫忙等理由比較人情因素不好推辭，通常對方也比較會同意這些理由，正常來說也不會說太多，因為法律沒有規定說口頭答應了不能反悔，只要沒有簽任何契約書、切結書，書面文件，正常來說都不用擔心會有法律問題，所以為了我們之後的工作生涯，我們需要做到更好的工作，這招可以用，但也不要太常用，搞不好這間公司以後我們又會遇到。

期望待遇的該填入多少數字

許多公司並不會明確的寫出徵人薪資，所以面試經常會被詢問求職者的希望待遇，這對於求職者來說其實是很煩惱的事情，害怕薪資說得太高而無法錄取，又怕薪資說得太低而讓自己減少收入，又不知道市場上究竟開出多少的薪資條件才合理，每間公司的工作內容與福利制度都有不同的優缺點，不太可能相同的薪資數字在每間公司都能適用。

還沒有工作經驗的求職者，不知道該如何談薪資，因為過去沒有任何可以比較的薪資標準，只能從媒體或是親朋好友的薪資來當作參考。第一份工作的薪資確實不容易找出自己最適當的薪資，但可以盡可能的面試多一點的公司來了解自己在職場上的籌碼有多少，公司詢問待遇的時候，請以其他公司開給你最高待遇當基準點，再以個人理想薪資當作上限，這樣很快就可以得知自己在市場上的薪資行情。

有工作經驗的求職者，在談到薪資時，可以將個人過去的薪資當作參考依據，例如前任工作的薪資如果還不錯，就是個很好鞏固薪資的條件，可以將過去工作的底薪與獎金合併，當作下一個工作的底薪。當然也可以直接將期望薪資填入，期望薪資請填高一點，但不要太誇張，例如期望薪資四萬，請填入四萬五，因為許多公司會砍價，對於期望薪資不用太擔心是否數字能填的多準確，如果對方對你有興趣，會再詢問你能接受的薪資待遇。如果我們不是公司所期望的人選，就算期望薪資填得再低，不但不會錄取，也會認定求職者有薪資低的原因。想像我們去購物買東西看到金額高的產品，會直覺認為這項產品一定

將期望薪資填入到目前的薪資欄位

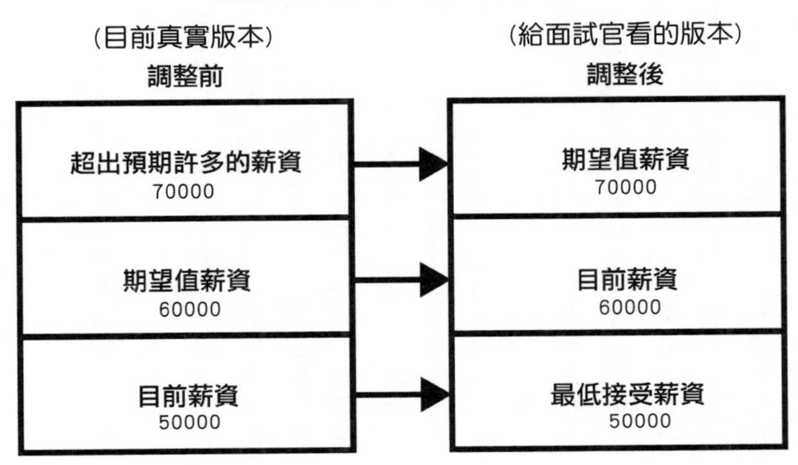

有價格高的原因。

許多公司在求職欄上並不會寫出明確的薪資，也不會主動告知要給你多少薪資，而是等待你先說出你的期望待遇，再來說明公司是否能給你所期望的薪資。其實這個談薪資流程是不太公平，因為如果求職者說出了過低的薪資，公司就可以依照你所說的薪資錄取你。如果求職者開出了過高的薪資，公司就會說這超出了公司給薪的條件，再找其他理由說明你無法高薪的原因，並說了一個更低的薪資來詢問求職者是否能夠接受，這樣公司可以先隱藏了徵才的給薪預算，而有機會讓求職者說出了比公司預期還低的薪資，他就節省了原本要給這位員工的更高待遇。所以公司應該評估好求職者的條件後，就主動提出願意給付的薪資待遇，再來詢問求職者的意願，但這其實並不常見。

許多公司的人資都會盡量追問出求職者期望薪資的最底線，這像是個議價遊戲，當我們說出最底限的期望待遇，很可能最後公司就會用最底限薪資來錄取你，而那時候再改變想法想要更高的薪資就微乎其微了，因為公司已經認定你可以接受比較低的薪資待遇。然而我們會怕失去錄取的機會而將最低底限很老實說出來，這是很正常的情緒反應，一旦我們接受了最低門檻，那未來就可能因為過低的薪資而煩惱，所以請盡可能將薪資談到滿意。

「期望」薪資的數字，請寫下最滿意的薪資，而被問到「最低」的薪資時，則不要明確的說出底線數字，可以婉轉的說明補充這是期望的待遇，如果跟公司不一樣，只要不要相差太多都是可以接受，這樣人資就比較難評估這位求職者真正的最低薪資，而不會開出過低的薪資來聘用，之後就可以評估公司所正式提出的薪資預算是否達到我們的真正期望值。

每間公司請人的薪資標準不同，可能有編列固定的預算額度上限，所以如果薪資上對方公司不同意，不見得是面試者的問題，而是這間公司給不起薪資，多找多看，一定會有能滿足你待遇的公司，面試的公司愈多，也會有比較多的機會能遇到願意付高薪用人的公司。

通勤時間成本、工作時間計算、獎金福利、工作環境、公司是否非常滿意、工作經驗是否能累積，這些都是相當重要的，請務必好好評估公司是否有讓人滿意的條件。千萬別用不在意薪資的說法來增加錄取機會，之後的加薪門檻可能很不容易達成。

通勤、薪資、職涯規劃，該如何選擇？

一份工作能否做得長久，有幾個主要因素：

工作通勤的距離，決定了在工作以外，每天需要付出的時間成本與通勤費用，通勤時間這看不見的無形成本，這些精力與時間，影響著與家人的相處時間，通勤距離越近，代表周遭都是你熟悉的環境，就能比較自在且放鬆的抵達家門，能快速的回家休息充電，生活上也會輕鬆許多。

薪資待遇除了能顧好經濟狀況之外，也減少經濟因素產生出的心理壓力，提升生活品質。解決生活上許多無形壓力，與遭遇到各種狀況時，能夠順利解決問題的大幫手。

職涯規劃也關係著人生的變化，如果這份工作，對於未來不管是五年還是十年之後，能不斷讓我們穩定的向上提升，對於未來的發展會能感受到樂觀與踏實，會比純粹領薪水過生活更踏實。如果認為工作結束之後，就不知道未來該何去何從，或是無法從獲得成就感，工作一段時間後，都會讓人產生對工作的倦怠期。

工作佔著人生多數的時間，所以人生都在作相同的事情時，有些人會感到樂在其中，因為這工作能帶給他歡樂。也有些人感到乏味，因為需要有更多的挑戰性，來獲得成就感。所以從職涯規劃的角度來看，比較不會以薪資來主導人生的發展方向，而是以工作所能獲得的成就感來決定。

挑選適合的公司

對於剛畢業或工作時間並不長的求職者來說，因為沒有太多的工作經驗，不太清楚自己想做的工作類型是什麼，也不知道什麼公司適合我，所以我們會認為有工作就先做，等進去之後才發現不適合再換就好了。

以在台灣的企業經營型態來說，比較少的員工能在同一間公司一直做到退休，除非是當公務員或是日本的企業制度，才有這樣的可能，尤其對新鮮人來說，一份工作可能做個一年或好幾年，之後會因為不同的生涯規劃，離職後再尋找下一份工作或甚至創業。有時候這不是一份光是努力就能一直做下去的工作，會換工作的原因實在太多，可能是公司不賺錢、主管錯誤的決策、同事之間的不和睦、在這工作得不到成就感、學不到新技術、工作枯燥無聊、薪資無法向上提升，導致我們必須換工作來獲得更進階的工作，所以找工作盡可能不要選擇「輕鬆」，這對於我們未來的職涯發展來說，每一份工作都影響未來人生的發展，過程都會不一樣，所以不可以太隨便找一間工作就決定一直待下去。但也不要太過度的挑剔，非要完美的工作才做，那就會很有可能連一份工作機會都沒有。在面試完之後，大概都能了解到公司所需要的專長是什麼，那些公司可以讓我學到想要學習的技能，對員工來說最需要得到的就是薪資還有經驗，對於公司來說最需要的是利潤及獲利，有安定的好員工來幫助公司穩定的發展，那麼到底什麼是適合我們的公司呢？

請盡可能的多收集公司的詳細資訊，除了薪資與員工福利之外，對於歷年營運狀態、企業優勢、競爭者、公司產品的優劣勢分析、人員流動率、網路上的評價，都需要列入評估項目。

在面試的當下最重要的是了解主管的想法，與公司找我們進去的原因是什麼，究竟公司是非常急著找人進去還是經過很多評估希望來找到一位好員工，如果這間公司是很謹慎、仔細地找好員工時候，這表示公司是比較追求穩定、成長的公司，比較不會讓員工做一些做不到、誇張的事情，比較不會有職場不合理的狀況。如果我們是沒有工作，這時候第一件最重要看的不是薪資，而是這間公司能讓我在這裡學到多少技能、經驗，所以第一份工作最重要的是下一份工作的墊腳石與打好基礎的地方，在這一兩年內能讓你有足夠的經驗，在下一個新工作時，讓你有更多的競爭力，讓你能開出更優渥的薪資，讓你的薪水三級跳，俗稱一跳抵三調，想要獲得更好的薪資的方式是換一次工作，抵過三次在同樣的公司調薪幅度，因為在同樣的公司通常是一年調薪一次，比較少有半年甚至幾個月就調薪，所以當你獲得這些技能的時候，如果你的技術夠搶手，沒有太多的競爭對手跟你應徵相同的工作，在應徵下一份新工作時，你是帶著技術與經驗去面試工作，就很有談漂亮薪資的條件了。盡量找能學得到專業技能的工作，或是這間公司有特別的，而不是把重點放在薪水高但人人一下就學得會的工作，這樣未來的薪資就會被受限在年齡或是跟其他人是相同的條件，太簡單就會做的工作，公司就不會用過高的薪資來請你，因為每個人都會，所以我們要

跳槽新公司與原公司調薪的薪資差異

	跳槽新公司	原公司加薪
原薪資	30000	30000
調整	30000+5000	30000x5%
新薪資	35000	31500

不斷充實自己的能力。有了幾年的工作經驗後，就可以開始找下一份更好的工作（比如是否想找更有組織規模的公司）。或是嘗試做主管方面的職位內容，帶領一兩位工作同仁。當然工作一定要符合自己的興趣、人格特質接近的工作是比較好的，明明就是文靜的人，硬要做一些非常外向與自己調性不相同的工作，除非你有立志要改變自己所缺少的部分，這樣才建議從事這份工作。

錢多、事少、離家近的好工作條件，這是大家都知道的，但在這麼多的工作裡面，不太可能全部都達到我們的預期希望，可以先用紙筆列出我

完美工作

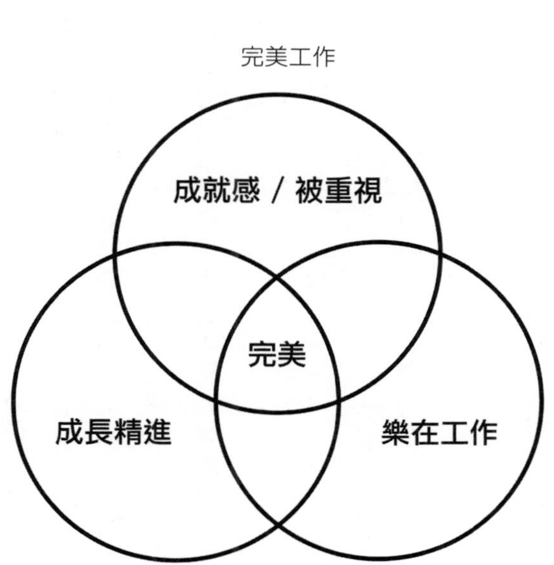

們工作最在意的是那些部分，一一的列出，就可以大致上了解最想要的工作是屬於哪一種，到底是需要薪水還是競爭力，想要穩定還是挑戰性的工作內容，這些條件確認之後，就能知道自己想從事的是哪類的工作，工作了一段時間後，累積了經驗，能夠把之前公司所學會的技能與知識，帶到下一間公司繼續延伸、發展，讓你自己更專業、更深入，能在新工作上繼續發揮，這樣的公司就是適合你的，若是難得累積了工作經驗，結果下一份工作跟前一份工作完全不相關或派不上用場，這是相當可惜的事情，把之前所累積的專長繼續延伸下去，對未來的發展才能比較順利，也能讓自己的競爭力持續地往上推。

好工作有三個條件：

第一個就是能從工作中獲得成就感，這份工作是只有你才能做得好，很多人覺得你做得很棒、能很順利得完成不容易的工作。

第二個是工作可以快樂，當這份工作是自己喜歡的工作時候，就會覺得怎麼上班時間一下就過了。

第三個是可以不斷能提升自己能力的機會，無論是在想法、技術或是交際之類有形或無形的能力提升都算。

結束面試旅程

當我們決定好要進入哪一間公司效力時，記得一定要撥電話或E-mail通知其他間公司取消掉面試或是告知有其他的決定，避免讓其他公司空等。內容可以簡單說明一下，感謝面試官給與面試的機會與建議，因為最後一定要做出選擇，在許多因素的考量與深入思考，所以希望貴公司可以體諒我的決定。

雖然取消面試是基本的職場禮儀，但我還是非常建議，若之後還有尚未面試的公司，在還沒有開始正式上班之前，去面試去了解其他工作也是不錯的經驗，有時會讓我們對於之前的決定產生了不同的想法。不用擔心已經錄取了某家公司就不能去別家公司面試，因為這是原定的既定行程，所以可以持續面試不會吃虧。

如果錄取了工作，後面的行程都沒有前往赴約，也沒有回覆取消，直接讓安排好的面試爽約，這會造成你個人信用度降低，在人力銀行網站上也可能會接到這間公司的投訴，求職者已經約定好卻沒有赴約，人力銀行網站就會把求職者的帳號鎖住，未來將沒辦法再透過此人力銀行網站尋找工作，求職者就需要再去跟人力銀行的客服人員說清楚爽約的原因，所以爽約是具有相當的嚴重性。所以之後無法赴約的面試行程，一定要告知這些公司取消掉面試會議。

還沒到新公司報到以前，盡量再多了解一下新公司所提供的產品與服務，與自己所負責的工作內容。先瞭解的好處可以減少剛進去的不適應感，也能更快的適應工作環境與工作內容，不會感覺突然就進入了不熟悉的環境。除此之外盡可能地先買本工作所需的專業書籍，複習一下新工作可能需要的技能與專業知識。多收集資訊與做好準備工作，在新公司就能有自信的快速上手、如魚得水，如果這間公司員工夠多，或許網路上還可以找得到在這間公司員工所分享的經驗談，了解新人不會知道的小道消息。但也不要給自己過多的聯想與壓力，不必幻想新工作好像是一件非常困難的事情，只需要平常心看待即可。

雖然新工作是陌生的環境與陌生的人，但重要的是調適好心態，請想像我們是到了一個新的學習場所，是在經歷一個全新的生活方式，以正面心情想法來賦予工作新的意義與人生價值。每一個人都會在新工作學到新技能。工作除了賺錢、學新東西，更重要的是，工作是人生必要的過程，可以學到工作以外的人生態度，將工作經驗融入為人生的一部份，因為有了價值與責任，造就了更踏實的人生與未來的人格特質。我們要去好好的享受人生、享受工作，因為這些都會為我們帶來新的發展，這都是非常美好的體驗，無論是快樂還是辛苦，都是等著我們來去探索這些過程，就像一部電影，會需要有艱難與挑戰，否則怎麼能表現出結局的圓滿。

嶄新生活

開始面對新的挑戰

工作一開始最重要的事情是如何克服緊張，想像我們進便利商店或是去餐廳吃飯，在學校第一次參加社團活動一樣，雖然是在做不曾做過的事情，與到不曾去過的地方，但新工作就像我們正在進行一件當下稀鬆平常的事情一樣，工作是人生的一部份，所以不需要想得太多，就是如此自然。

請試著想像我們將要開始展開一件美好、積極的新故事，我們到了一個沒去過的新地方，而這個地方還可以擴大我們的舒適圈，也就是讓我們對於過去不習慣的事情能夠變得習慣。想像我們到了一間很棒的學校，這是人生開啟的嶄新一頁。

不管是還沒有工作經驗的新鮮人，甚至是轉職的職場老鳥，在還沒上班前都很可能會緊張，擔心公司裡面不知道會發生什麼情況？擔心老闆會不會很兇？擔心進去都沒有人教導我？擔心進去什麼都不會，所以事情都做不好。想到許多讓自己還沒進去就很緊張的狀況，擔心到還沒去上班就被莫名的心理壓力壓得無法上班，內心充滿緊張感、煩惱不斷加強放大這些恐懼感。其實在新公司上班，可以想像過去我們到學校上課一樣，從國小、國中、高中、大學這些階段，無論是誰每隔幾年就會遇到學校畢業與進入新的求學階段，從一開始進入新班級遇到新同學，開始學新的課程時，我們當時會緊張嗎？或許有些人很緊張，但如果現在要你再重新回到學校念書時，你會不會緊張？如果從現在來看的話，我想應該就不會這麼擔心了吧！雖然當時很緊張，但現在想像是去學校念書，心裡就會有認為這沒什麼好緊張的吧！也像去參加學校社團活動，就只是跟著還不認識的同學們一起在做事情，只是很平常在做事而已，只是在不太一樣的環境、做不太相同的事情。在上班也是一樣的狀況，現在緊張，但等過了一段時間之後，就會知道之前所在意、所想像的狀況都是多慮。

就像我們去了一間沒進去的便利商店一樣，或是去一間沒去吃過的餐廳，我們也只是去那裏消費、吃東西，雖然在那裏的環境都是不認識的人，但因為我們只是覺得就是去消費、用餐而已，只是到座位上點個菜、用餐完後離開而已，所以不會有任何的顧忌。相同的去上班也只是一件很普通的事情，我們只是到了這間公司開始做這個職務內容的事情，工作結束了就是休息或下班回家，所以不要想得太複雜，裡面的同事剛進公司或許比你還緊張也不一定。

只要自己能有正向積極的思考方式，想像到了一個很不錯的環境，正要開始擴大對於未來發展的舒適圈，當我們到了這領域之後發現很多不曾學過的想法與態度，這是一件非常棒的事情，是到了一間新的社會學校裡求學，不但這間社會學校會教你很多方法，還會付薪資給你，讓你學習、熟悉這些事情，這是一個很美好的開始，這個同學、學長姊也會教你這些工作內容，因為他們也曾經經歷過你正要經歷過的事情。

如果真的非常緊張時，在還沒開始第一天

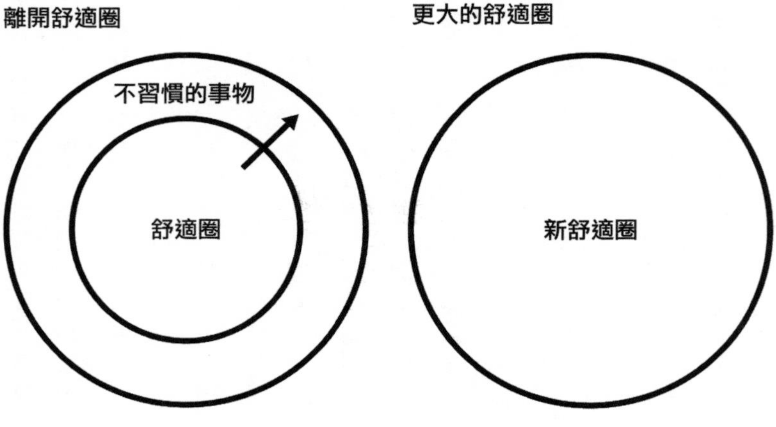

離開舒適圈
不習慣的事物
舒適圈

更大的舒適圈
新舒適圈

報到上班以前，可以找尋休閒活動與玩樂的事情，例如出去逛街或在公園散步。當心情回復平常時，可以上網了解工作可能會做的內容，先試著了解這間公司與任職職務內容，了解工作時的穿著打扮如何得宜，與上班通勤路線也請先試著走過一次，算算大約會花多少時間到公司，第一天報到的資料有沒有準備好，再來細節的部份就不用想太多了，只要好好地迎接新的人生開始，迎接新的生涯舒適圈，就像到新的學校學新的知識與技能，這是非常美好的開始。

如何自我改變

當我們正在閱讀這本書的當下，就是希望要改變過去的想法，學習我們所不知道的事情，所以現在就是在追求自我改變的當下，現在就正在做自我改變這件事。我們現在的身分可能是學生或是家庭主婦，也可能是剛換新的工作，也可能正在期望著下一個工作，所以我們在學習的是無論在任何環境或工作，都必須要有不同的方法或作法，來適應之後所要面臨的挑戰。其實我們都會希望在一個穩定、輕鬆的環境，做我們覺得習慣、喜歡做的事情，覺得輕鬆沒有壓力的事情，這是人的本性，會想追求平穩的狀態是很正常的。我們要如何去學習新的事物、想法、技術，來面對新的夥伴與新的環境，這些都是需要在想法、態度上的改變才能達成。

這些改變都是跟個性有相關，如果個性是可以不斷地做相同的工作內容，而沒有持續的學習新的方法，時間久了會開始慢慢覺得不安心，當我們現在的角色是一個領導者，可能是一家之主，是家中重要的經濟收入來源，我們就會希望不斷地提升自己的想法，讓家庭過得更好，就要不斷地去改變自己，因為從學生時代對於大多事情的不了解，漸漸地了解越來越多事物，也有越來越多的專業知識。

要改變自己的想法聽起來很簡單，但這也是最困難的事情，因為過去的做事態度都已經不知不覺的養成了固定模式，所以我們要改變想法、態度實際上是相當困難，反而沒學習過、沒看過的事情，較容易會去照著學習，跟著去做。所以改變自己的方式是需要定義一些目標，定義這些目標不能把結果訂得太高而不容易達成，我們可以把目標訂得長遠，也必須要細分目標階段，將細分的小階段盡量拆得容易達成，

累積容易達成的小成功換一個大成功

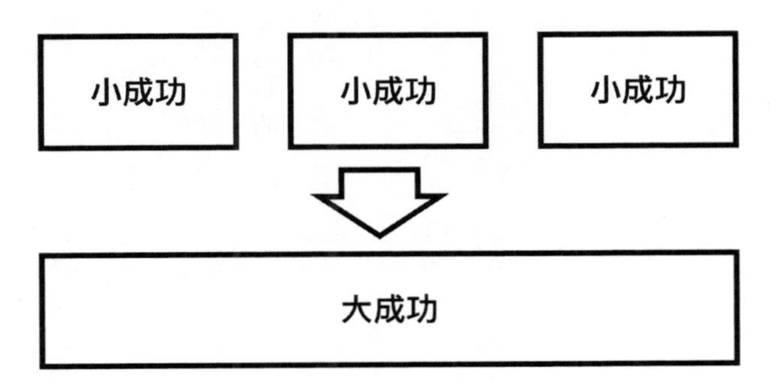

請定義許多輕鬆且容易達成的目標，不要訂得太困難。比如我們現在需要減重五公斤，那我們就訂好每減一公斤的小獎勵，而不要訂一個一次要減五公斤的大獎勵，因為可能在還沒達成時，沒有得到獎勵可能就會放棄。定義這些容易成功的小階段，是可以增加我們的信心，而且我們知道這些目標是的確可以達成的。

就像小時候父母可能都說過如果考試一百分，就給我們什麼大獎，但問題是我們連六十分都還未達到，所以要達到一百分這是太遙遠的事情，根本不可能達成，所以在定義獎勵時，必須要多定義好很多成功的小獎勵，當我們達到六十分的時候，就可以享受到第一階段成功達成的獎勵，就會覺得事情是可以做得到，就可以開始往下一階段持續達成，而不會覺得離成功遙遙無期。只要持續一定的天數後，就會變成一個習慣，先從簡單達成的事情養成習慣，累積許多的小成功，就能換成一個大成功。

存錢不是最優先要做的事

金錢用來投資自己的成長，每個人都會想把錢用在有意義的地方，但什麼是有意義？以商業投資目的來說，要如何讓現有的資金，產生出更多獲利。每一筆支出都思考，是否在未來可帶來獲利。以錢生錢的觀念來決定消費金額的多寡。雖然並不是要開公司或創業，但還是需要有基礎的財務知識，才能把錢運用在對的支出上。例如投資書本閱讀，對於自己所需要知識或是商業類、心靈層面等，讓自己成長啟發，不見得要買得像學校課本那樣的八股內容，每當閱讀一本書籍，就會增強相關的能力。出國了解不同國家的文化差異，規劃有意義的旅遊，旅遊並不是要花大錢才會體驗得多，而是可以去不曾去過的地方，欣賞著不曾看過的風景，或許選擇搭車或到當地租車，都是很棒的體驗。也可以報名一些不錯的課程，把注意力集中在有意義的成長體驗。投資自己，這錢是千萬不能省，每當我將預算投資在書籍上，最後都能轉化為思想升級的能量及成就，也能讓自己的思緒專注於想獲得的發展上，投資什麼也就能得到什麼。讓眼睛所看見的範圍縮小，例如：出去玩，難道是一種浪費嗎？買好一點的衣服難道是浪費錢嗎？其實並不是要把最基本的物質生活完全捨棄，而是不要把過多的金錢與時間，都投入在與目標無關的事物上。當把大部分的資源都消耗掉，那就沒有錢去投資自己或執行目標，所以把資源集中在相關目標上，那距離目標也就會更進一步。

過去的遭遇不影響現在的決定

每一個人都會遭遇到不如意的事情，會覺得過去曾經經歷過不如意的事情，所以導致現在無法做我滿意的工作或無法做期望的工作，把過去的種種原因當成現在無法實踐的理由，可能是我們的人格特質，例如個性內向、過去沒有受過良好的教育、完全沒有接觸過這方面的工作知識，可能缺少了哪些關鍵原因，所以無法做現在所期望的工作，從過去的理由，而放棄了夢想，但以現在來說，過去的這些原因並不是影響我們現在做抉擇的原因，是我們把自己的世界觀侷限在過去的原因，把沒有辦法得到的事情給了一個合理化的理由，導致於現在無法獲得希望的事情。這是讓我們可以輕鬆接受的安於現狀的最佳理由，給自己好藉口來接受自己現在可以不用完成理想的理由。所以過去不曾完成的事情，未來也不會打算完成，這些都是因果論，因為以過去的事情來認為自己無法改變現在，這就是希望自己的命運是由上天來決定，但事實並不是如此。把想改變的事情從現在開始進行，讓現在證明自己可以改變，而不用過去的遭遇作為無法改變現在的藉口，人生就不會陷入在因果的循環中。

不管過去做過什麼，請當作現在是個全新的自己，像一張白紙從零開始學習，那過去的遭遇就不重要了，因為我們的人生是從現在開始。

或許我們對於過去在學校所畢業的科系，與現在想從事的工作不相同而感到沒有自信，但其實有八成的人，在過去的學經歷大都不相同，能從事與原本科系相同工作的人比例並不高，所以不必擔心過去是否因為選錯科系或是曾經因為做的工作與現在不相同而卻步，而是現在是否真的願意實踐理想而放手一搏。

在選擇工作時，往往會希望選擇過去已經習慣，或是已經接觸相關領域已久的工作，會覺得這樣的新工作產生的壓力最小，也認為是自己能夠勝認的工作，這是一份有把握完成的工作。或許某些工作雖然很想嘗試，

過去的遭遇不影響現在的決定

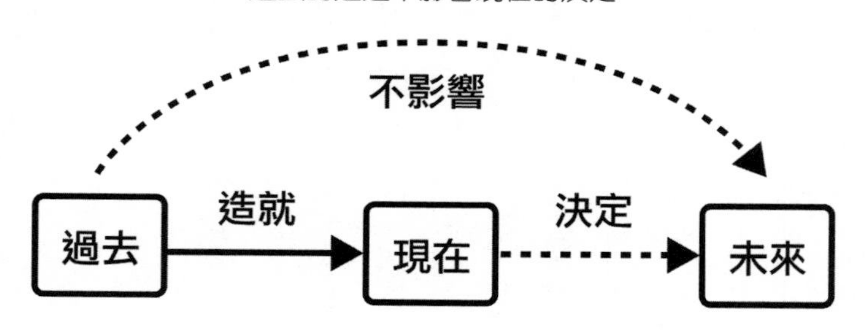

但認為自己沒有能力、沒有這方面的學習經驗或者不是在這相關領域的科系畢業，所以認為自己沒辦法去做現在內心想從事的工作。這些想法其實只是自己想給一個不願意去完成目標的藉口。我們能有千百個認為做不到的理由，卻不會給自己一個做得到的信念。多數人認為成功很難，所以希望都能萬事皆備的情況下，認為需要從以前開始就穩扎穩打，才有辦法跨到另一個領域，所以現在已經來不及了。種種的原因，導致於現在沒有選擇的餘地。當給自己這麼看似合理的理由與藉口時，就會不願意再給自己一個當下改變的機會，所以持續做著並非出於自願選擇的工作。心理想要努力改變，但內心深處卻是抗拒改變，因為認為維持現狀是比較輕鬆，所以追求輕鬆的慾望大於想要實現願望的行動力。因為想要輕鬆，所以選擇了不去作，選擇了相信自己做不到的結果。沒有選擇也是一種選擇，只是通常不會發現，其實自己是選擇了一件不願去做的事情，而並非選擇一件做不到的事情。

或許過去遇到家道中落、經濟影響、身體上的缺陷、過去學習上的荒廢，或是過去想做卻來不及做的事情，所以現在做不到。給了太多的理由，來說服自己不要去做實現願望的事。因為心裡其實並不想要做到這些事情，所以給了許多藉口來讓自己不去作這些事。選擇了一個輕鬆卻不滿意的現況。

實際上，過去的遭遇，並不會影響現在要做出的決定，現在想要做的事情，現在就可以去做，可以從現在開始就尋找相關的資料，從現在開始，就可以打開履歷表，去投遞我所期望的工作領域，就算我能力並不完美，但我做得到的事，就是現在開始做我從不曾做過的事情。就算沒有達到期望，但實際上也做了努力，這並不是失敗，只是沒有成功，只是現在沒有成功，而未來會有成功的這一天。

所以從現在、立刻來做這件事情，而不是給自己千百個理由，等著未來有空、等著以後有機會，那麼就不會有機會。所以要消滅掉這些理由，如果現在沒有時間，就要開始減少浪費掉的時間，例如平常花了許多時間，看著並不想看的電視節目，那麼就要開始進行不讓自己看電視的行動，例如拔掉電視機的線，甚至把電視放進倉庫，做出懶得再付出精力來讓自己再看電視的這件事。

當習慣每一件事情都是立即去做出改變，就會知道並不是因為沒有做，所以做不到，而是因為現在沒去做。所以當我們有夢想的時候，不需要等未來某個時機到了再去做，而是現在就開始做，現在就開始規劃行程表。要善用當下零碎的時間，無論是中午休息時間還是下班回到家的休息時間。除去千百個無法完成的理由，把沒有時間、每天很累的這些理由通通處理掉，就會開始有了一個重新分配運用的時間與精力，就能開始執行，往目標邁進。

未來想要做的事情，就立刻著手進行。最困難的事情，就是難在「還沒有開始」進行，給自己現在跨出了第一步的動力，接著第二步怎麼進行，則是跨出第一步後很自然會去思考的事情。

專長的培養

當每個工作做得長久之後，長久的工作內容，就會是未來在求職時的主要專長，因為已經熟練了這些技術，也習慣了做這些事情，那麼久而久之就會認為自己的職業就是如此，而在這領域持續的工作下去。但其實工作佔了人生的數十年，那麼就必須要試著做出目前工作所還沒有接觸到的技術能力，因為我們很難只靠著一樣專長或一份工作，就能順利的做到退休，因為時代不斷的更新進步，所以也要隨著時代不斷的更新進步。

我們可以回顧過去十年前所使用的家電或３Ｃ產品，跟十年前所從事的活動是不是已經有不少的差異。在十年前的每個人是習慣看電視節目，而現在人的習慣是玩手機與上網，這些不同時代的習慣，也就影響著不同產業的發展。既然我們的生活習慣都能有如此大的改變，那麼工作的內容也會隨著不同時代的技術發展，而改變了過去原本習慣的工作內容。那麼最新的未來趨勢，就會影響著未來五年十年的工作模式，如果只是順著當下時代去做改變，也就會被當下的產業推著走，有些產業未來可能沒落，也有些產業不斷的改變未來的獲利方向，服務的內容也會跟著改變。

隨著目前的工作模式改變之前，是否能先發展不同型態的工作，先學習未來趨勢可能需要的專長，做好應變準備，在未來遇到工作已經沒有發展性時，那麼你就有另外一項新的專長能進入新的領域，可以讓人生做出另一種的選擇，或許還能將過去所學習的第二專長結合起來，衍生出第三種的專長，而變化出新的產品或服務，那麼就具有相當的競爭力，也可以藉由新的專長，來展現出與別人與眾不同的能力。因為每間公司除了目前所擁有每個人的工作專長外，一定還會需要不同的人才，來幫助

學習的技能愈多，選擇性愈多

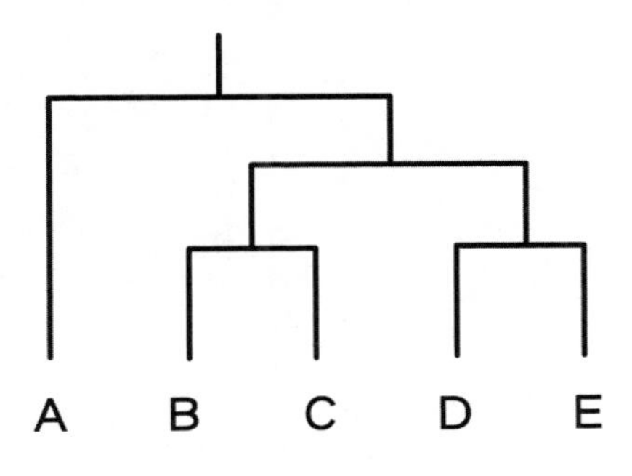

公司能做出更多不同的發展，公司需要能有不同的新觀念或新技術，千萬不要認為多學一項專長只是會讓自己更累，學不同的專長並不是為了要讓自己忙死，而是我們要為自己的工作生涯有更多的選擇，可以適應各種不同的變化，能做不同領域的工作。所以要習慣學習，不斷的習慣去學習新的工作內容，因為工作內容遲早會習慣摸熟，做到已經沒有學習空間後，那麼就必須要在經驗飽和的狀態下，想辦法學習更不同的專長，來持續增加自己的知識技能，無論未來是想換工作還是努力求更高的職位，或是想要在公司導入新技術，這些都是正面積極的行為模式，也可能會改變目前所習慣的工作內容，因為眼界已經打開了，知道有更多的方法、更多的經驗來做出更多不同的選擇，學習所知道的更多，對於看更多事情的角度也會更多、更豐富。

讓其他人知道你的目標

對於自己的想法與做法通常會希望低調，不會讓人知道，等準備完成，甚至達到目標後，才會告訴別人我完成目標了，這樣的想法如果是因為自信心不足，或怕被別人嘲笑，怕被笑只是嘴巴說說，怕說出來會被誤會是狂妄自大。並不是要到處跟所有人說出你的想法，而是要跟一位對的人說出目標，這個人可能是家人，或是身邊最好的朋友。因為說出目標這其實是一件重要的事情，當把目標埋在心裡，那這件目標就有可能會一直藏在心裡，而沒有實現的一天。能把目標講出來，就算這件事情其實非常簡單，這也算是執行了開始的第一步，因為講出來的過程，就會開始好好的去思考，該怎麼透過描述具體化目標，會有動力想辦法去實踐，來完成當時對自己所承諾的目標。

因為已經有人知道你的計畫，所以一段時間後，朋友可能會詢問目標是否還在執行，隨時的可以提醒自己，不能忘記當初的計畫。或許什麼事情都還沒做。

不需要對說出來的目標，感覺到不好意思。或許你說出來的想法，朋友是有經驗或是有不同的想法，都可以討論修正目標，變成更具有完成的可行性。對越多人講，就會有越多的人來幫助你，不斷提醒自己必須要去完成。或許你會害怕別人給你負面的意見，說你做不到、這是不可能的事！但也只要目標夠堅定，也不會害怕被負面的想法影響。可以從願意支持你的人、能給你建議的人，多參考他們的想法，當然每一件事情都並不是這麼簡單，但能從講出來的過程中，加深信念與想去實踐的執行力。以前我想從事美術設計師的工作，一開始去求職時，確實是遭遇了不少困難，也被面試的主管說，以我的能力，未來很難能從事相關工作，但聽到這樣的建議時，反而更不想放棄目標，當很多人告訴我負面的想法時，那很可能是因為他不想做也做不到，所以也很直接的認為你也做不到，但實際上還是盡量能接觸能給你美好願景，或是想法中肯、客觀的意見，而不要聽負面想法，因為每件事一定都會有可行的機會，不可能全無機會。我們只要聽著如何能做到的建議，是什麼以前沒聽過的好想法，再來考慮如何修正目標。腦袋只需要想著如何去解決，與如何去實踐。當剛開始進入新的領域時，一定覺得很不習慣，但學得久了之後，就會開始有點樣子出現，而別人也會認為你就是當初設立目標的那個角色，那麼也就成為了過去想成為的那個人，所以有能講出來的勇氣，也會產生出實現夢想的勇氣。

當你覺得自己說出來的目標很可笑時，那也沒有關係，因為順著別人的方法走很正常，但要走出另一條新路時，四處也會充滿著看似不專業、不可行的路障，但從這些過程中，這些好笑有趣的事情，都會幫助我們，能逐漸找到走出來的一條新路，因為一條新的路，本來就不會有標準的方法，凡事都必須從不熟練，逐漸成為一位真正的專家。

下班之後的學習，才是勝利關鍵

我們在找工作、換工作時，通常也會希望自己的收入可以更多、可以學習到更多專長技能，讓自己未來可以有更好的生活品質，既然有這樣的需求與願望，也實際去執行這些內容（換工作）來改變自己，進入新的環境，來擴大自己的舒適圈，那麼在得到新的工作後，未來或許也會一樣的想再更進步，或許是增加學歷或許是增加第二專長能力。所以我們不光是從工作時候的從中學習，在下班之後的學習也是非常重要。或許常常覺得工作結束後已經很累了，下班之後是屬於自己的休息時間，但其實還是可以在休息之後，運用一些零碎的時間，持續地學習，每天利用半小時甚至一小時，做一些像過去學生時代時，學校的課後輔導或是給自己一個回家作業。除了上班所學習的技術專長之外，也培養自己有學習的習慣，這樣的習慣對未來非常有幫助，因為工作中的學習是因為公司的需要而學，而下班之後的學習是自發性的學習，這跟工作中學習是完全不同的層級，因為是做了一件自己主動去做的選擇，而不是公司強迫你不得不學習。所以能夠做出自己想發展的知識與能力，充實著相關技能或不同技能時，一旦養成了學習習慣，習慣在下班之後好好的運用能力所及的零碎時間，所累積出來的成果，都會是未來進步與人生成長的重要關鍵。

每一個人多少都會學習，多少都會有一些不同的進步項目，如果能夠從自己的想法去改變作法，那能進步的空間，一定也會比其他人來得更強大。所以不是因為隨著增長而增加收入，而是因為不斷提升能力而增長收入。所以利用自己的學習所獲得的成長，會比從工作中所學習到的經驗來得更有意義，因為並不是被工作推著走，而是出自於為自己的人生負責，這可以獲得更高品質的人生意義，所以從人生想要如願以償，就需要做出選擇與努力，或許覺得很懶惰或很想休息，這些都是必要的，但在休息結束之後，也需要再給自己一次機會，為今天再累積一點小小進步。

修剪的力量，剪掉讓人遠離目標的事

在做許多事情時，通常也會被許多雜事佔用掉了時間，或許會覺得自己所處的環境與職業，就是這麼忙碌，因為環境逼迫，必須作許多不想作的事情。或許目前還沒有工作，但事實上不管身處於什麼環境與角色，但確實會有許多事佔用掉時間。

如果是學生就會被課業綁住了許多時間。如果是上班族就會付出心力去完成公司的使命，而不是自己的使命。如果是家庭主婦，那就會被許多忙碌的家事佔用掉時間。如果還沒有工作，也會被許多事情佔用掉時間，例如看電視、打電動或花時間求職，或是假日都會有朋友相約出去玩，都會有許多並非心裡想要去作的事情，而為了交際應酬，這些時間可能是處於個人執行力最強，最想專注做事的時段。或許在不知不覺的時候，做了許多看似不得不做的工作，這些或許佔用了許多時間，甚至大部分的時間。所以當發現做了許多並不是跟目標有關係的事情時，就要想辦法修剪掉並不需要做的事情，想辦法增加零碎時間的運用。

當沒有去做某些事情時，那就會增加能夠做目標事情的時間。修剪掉了某些不相關的學習，或是修剪掉了某些不必要的享受，那就能獲得了時間的自主權，也加深了要去完成目標的動力。挪出多餘的時間，才能比較輕鬆，也能比較專注在目標上。暫時修剪掉其他覺得也很重要的事，甚至修剪掉當下高薪的工作，以便換取經驗與時間來接近目標，每項修剪的選擇都是不容易，但也是必要的抉擇。

樹木修剪後，枝幹變得更為粗壯
剪掉遠離目標的事，更接近成功

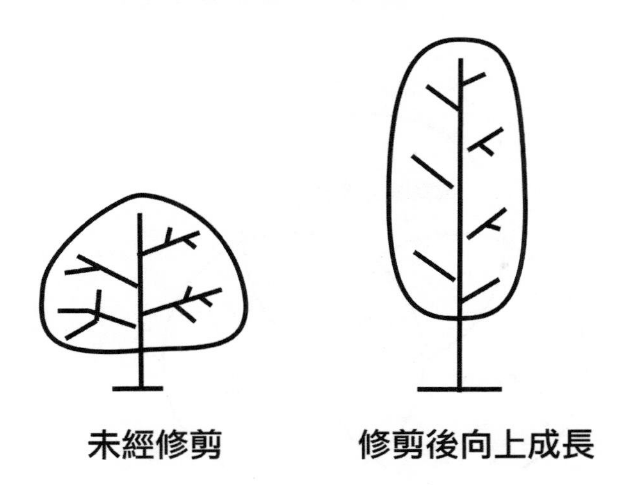

對於工作的想法

好工作有三個條件需要滿足才能做得長久，第一項就是在工作的時候是感覺到快樂，第二項就是在工作能學得到東西，是可以持續進步成長，第三項就是可以獲得被需要的成就感，因為我被其他同仁與長官所重視，公司內的同仁是需要有我在這個工作領域上，這就是工作能讓人做得長久的幾個條件，當然還有薪資要符合我的能力水準。每個人想要工作的決定因素都不相同，有些人是只要賺到的薪水夠多，什麼事情都願意做。也有些人是只要能混口飯吃、維持生活，做什麼事情也都可以。

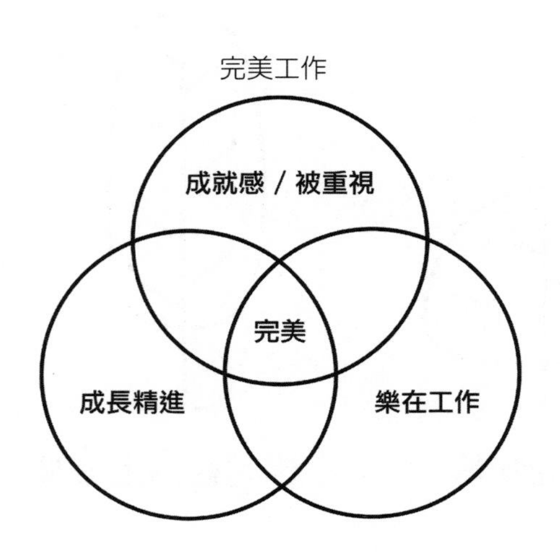

有些人是要做自己有興趣，是非做不可的工作內容，就算薪水少、再累的工作也想要做，可能的因素不是錢，而是想獲得成就感。無論我們現在是否有工作，一定都要規劃自己未來的階段，請試著花一些時間，去想像自己在未來的十年甚至是二十年後，當時我正在做著什麼事情，去想想二十年後正在做的這件事情，是我想要做的嗎？那時我是快樂的嗎？我想要這樣做嗎？這時我正在做什麼事情，想像著自己在十年後與二十年後的身分與所在的環境，就可以開始來想著未來著我們能把這些幻想與身分達成，我們不要想得太複雜或太細，只要現在開始規劃，假設十年後我們想要成為一間小公司的老闆，那就可以想像大概要開些什麼樣領域的公司，比如現在二十歲，未來十年後想成立一間資訊科技類型的公司，那往前推算在第八年左右的時間，就需要有主管的能力來帶領一個工作團隊，所以必須從現在開始我就要開始學會什麼樣的技術，現在要開始找什麼樣類型的工作，與開始閱讀什麼樣相關的書籍，再來第五年的時候，是否已經可以開始擔任小主管的工作，或是開始從事下班後開始接案，持續地累積技術經驗，或是開始存下未來第十年要創業的資金，在第九年或是更早就能開始個人或與朋友一同創業。

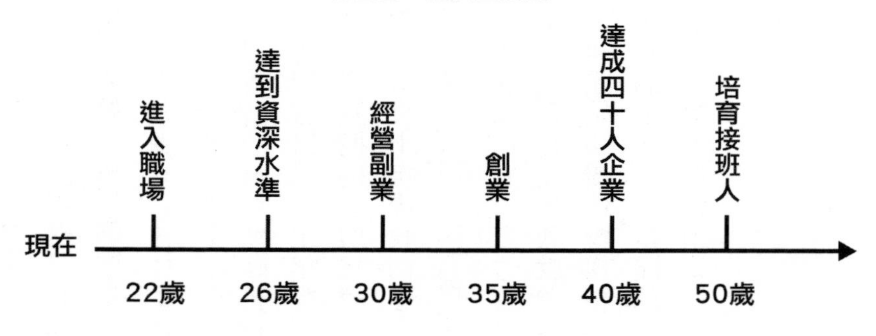

夢想訂得越大，就算覺得不切實際也無所謂，只要我們想著人生只有一次，那夢想就訂得遠大吧！我們現在就拿著紙筆寫下未來的夢想，在我幾歲時要做什麼事情，比如現在十八歲，想要在三十五歲創業，那現在就要去念未來想要從事的相關科系，再來退伍之後是二十二歲，開始從事原訂計畫的領域工作，再來二十三歲以進入相關領域的職場工作，在二十八歲時，已經將專業技能都已經熟練，開始轉換職業類型，從事更進階的主管管理領域工作，把自己工作能力再往上拉一個層級，在三十歲當上公司的小主管，在三十二歲時跳槽到某間更專業、更大型的公司，擔任主管職位，帶著幾位同事工作，累積自己的領導能力，與其它創業方面所需要的廣度，並有能力教導同仁如何解決問題，在三十五歲累積好所要創業的資金，此時已經將技術、資金、人脈都累積好了，也寫好了創業計

畫書，此時也已經挑選好，過去已經認定所想要創業的夥伴，在三十六歲時創業。

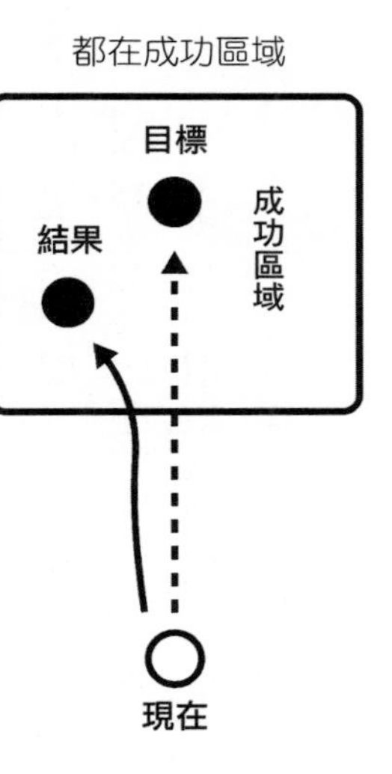

我們都知道未來的變化非常的大，但人生就應該先試著規畫未來所想要從事的方向，就算未來過了一兩年之後，已經有別的夢想，想要修正過去訂定的目標，那也是可以的，那就重新定一個計劃吧，相信會比過去所訂的計畫來得更周詳、更完美，持續地照著計劃努力前進，就算最後結果跟原本預期是有點落差也沒關係，有照著原訂的計畫再持續地走，就算方向偏了一些也沒關係，因為我們是有計畫地在執行生涯規劃，所以無論如何都不會失敗，不斷的修正軌道方向，所以我們有持續地在進步，知道要做的是什麼，大方向結果都不會差得太多，就不會在十年後，過著一個充滿問號的人生。

大方向的決定計畫以後，細節的變化已經會跟想像的有所不同，但都不要緊張，我們都可以慢慢的修正，或換個方式來達到目的，只要有大方向就看著遠遠的方向前進就好，不用在意當下步伐是否走得完美無缺，就算中途有些不順遂或是做了一些不相關的事情，也沒關係我們就在修正導回到大方向就可以了，那麼結局都會是美好的。

自我改變的重點是要隨時不斷的更新與顛覆過去所學得的知識，那才能叫改變，無論之前想法如何，所學到、所會的是什麼，但還是要不斷的學習更多的知識或態度，並不是在學校才能學習，而是整個人生的遭遇與生活都是學習上的老師，人際關係是可以學習，職業技能是可以學習，如何產生出新的想法，累積經驗都是需要經過學習，不是只有在學校才叫學習，其實在學校真正的重點並不只是教我們在工作上所需要的實際理論，而真正重要的是我們如何找到自己學習的方法，如何讓自己培養出不斷學習的習慣，而不是一忙就不學習或是有任何其他懶惰的因素就放棄學習，一回到家或是休閒時間只想得到吃喝玩樂，那這樣就沒有把學校所教我們的學習方法、學習習慣融入到我們的生活，我們必須要把學習的態度方法實踐到日常生活中，在工作空檔時我們可以學習，在假日休閒時也有另一種比較輕鬆的學習方式，在於我們忙碌的時候也有當下可以做的學習方式，學習要如何快速地找到解決方法，那不管在工作還是日常生活甚至在做人處事方面，都可以找方向、找方法、想辦法，來解決未來遇到的各種問題，擁有解決問題的能力，這才有辦法不斷的進步。

當我們偷懶不想改變自己時，這情況可能因為就是已經工作這麼久了，所以心中產生了倦怠，想就這樣保持目前習慣的生活方式，好不容易熬到放假，不想花時間做其他學習的事情，因為工作很忙所以下了班或放假就只想要休息，因為以前做不到，所以現在也不想做到，也不想花錢花時間去學習什麼事情，覺得目前這樣就可以了，不想要想太多事情，所以有剛才那樣的想法，就無法自我改變，可能在五年後、十年後還是一樣做著相同的事情，也保持著跟現在差不多的想法，不做出任何的選擇，那十年之後就不是自己來選擇寫出人生的故事，而是環境與別人來決定你的命運，就會是公司老闆來決定你要做什麼事情，該不該讓你繼續在這間公司工作，當你過去不去思考改變自己，未來就是被別人決定你的價值，而不是自我決定價值。

所以我們一定要去改變自己的想法、更新自己的想法，過去做的是正確，現在做相同的事情反而可能是個錯誤。當我們一直維持現狀，沒有學習新的知識或態度，可能在半年或一年我們不會有感覺，可是到了五年十年回頭一看，這時候要再改變自己的難度就比較高，如果我們還年輕，不想改變現狀的時候，至少在看過這本書時，就請開始在這個假日就騰出時間，給自己幾個小時，或是一天的時間來做些不一樣的事情，做一些不曾做過的事情，先從一些小地方來講，或許我們假日都在家，那就試著一個人搭車去一個從沒去過的環境，在那裏待著，或是去一間沒去過的咖啡店，到了那裏後，開始思考未來，試著讓自己感性一點，不要太理性，讓自己去幻想一些電影裡面才會出現的情景，當我們沒有目標的時候，就試著去做些不一樣的事情，來找尋靈感，當有一些改變時，就會開始想要持續地想去做更多沒做過的事情，就可以花時間來思考更多今年有什麼規劃，在三年內想要完成什麼事情，給自己訂一些階段，努力去實踐想要做的事情，無論如何，只要有個開頭，有訂一個階段，有開始走出第一步，接下來自然就會知道應該如何走，那遠大的夢想就能一步一步的持續實現。

人生目標是不上班

每個人對於選擇工作都有不一樣的原因，或許目前還不會想到退休，或是未來要成為一個什麼模樣的人，選擇一間公司與工作類型時，就已經在選擇未來的人生方向，與未來要成為什麼樣的人，只是現在還沒有很肯定的答案。實際上現在的選擇，就已經開始決定未來的發展路線。在有經濟壓力的急迫性時，先要有收入可能是最直覺的考量，或是想要找個輕鬆一點的工作，也可能工作是由家人或朋友介紹，並不是以自己從眾多選擇中，慢慢來收斂選擇，但最後答應了工作，也表示認同了這個選擇，即使只是做了再少的選擇，也都能反映出內心做這件事情的原因，可以推敲出未來會做什麼樣的事，和成為什麼樣子的人。如果有人問我未來想做什麼事，那我的回答會是希望未來不用做不想做的事，只想要做自己想做的事情，但這件事情絕對不是上班。

在實現目標之前，一定也透過了什麼努力與原因，才達到當初設立的理想目標。或許要花上幾十年甚至一輩子才能實現目標，但要如何能提早達到目標，如何縮短時間成為不需要上班的人，或是能經營自己的事業，或是能成為非常專業，讓每一個人都能信任的人，這就是人生目標。要如何從當下開始去實踐，在這過程當中，有許多枝微末節事情，並沒有任何幫助，就必須要果斷修剪掉。多增加能幫助達成願望的相關事情。

有很多看起來願望不大，但反而是最辛苦，許多看起來很辛苦的事，但實際去做卻發現並不辛苦，甚至多做幾次，反而覺得是很簡單的事。這些說法或許聽來有些矛盾，但確實是如此，這就決定於到底有沒有開始進行，如果凡事都沒有開始進行，那每一件事情都是非常困難。一旦開始進行，那就已經開始接近目標了。

發現新工作不如想像，該怎麼辦？

無論到那間公司，不同的工作或環境，都一定會有不同的狀況，尤其在對於新的工作，因為新的工作內容與流程，都很可能與過去的經驗大不相同，甚至過去從未接觸過的工作內容，所以會覺得工作起來特別辛苦，在初期適應時，會覺得工作太困難、這工作內容不是我的興趣。其實從學習的角度來看，工作內容完全不懂，所以會是個很棒的學習機會，學會了這些工作內容，未來就可以懂得更多事情，雖然這工作沒有興趣，但當能把這事情做好時，就也獲得這方面的技術能力。雖然不是永遠都做這些工作內容，但這是在未來想持續成長時，所必須經歷的過程。享受有些辛苦與痛苦的工作，這對未來的每個成長階段，都會有意想不到的收穫。

但如果工作只讓人不斷產生負面情緒，讓人生只有痛苦，此時就要思考，究竟是因為還不熟悉工作內容所以目前無法勝任，還是因為環境或人，不斷的讓人產生負面情緒，那麼就能排除掉，並非是個人問題，而是這個環境本來就讓人難以健康的適應。想換工作，有時很難去評斷分辨到底是自己抗壓性不足，而產生個人的負面情緒，還是因為這工作本身就充滿著負面的作法。所以如果換工作的原因，並不是因為自己無法勝任工作，而是因為這個環境本身就充滿著負面訊息，那麼就可以排除掉個人的問題。

如果工作內容都還不熟悉、不熟練，許多工作內容都不會做，所以令人感受到痛苦，導致於覺得自己無法勝認工作，工作不快樂，但這並非因為討厭這環境或是與同事無法相處，所以能分辨不熟悉工作而產生出的痛苦，盡可能去理性評估在這間公司是否該學會與適應新的做事方法，才能告訴自己，是否要在此擴大自己的舒適圈，還是該適時的離開錯誤的環境。

書的緣由

為什麼要寫這本書

我並非從事專業的人力資源工作，會想寫這本書是因為過去有許多求職的經驗，這些觀念想法受到過去不順利求學與工作生涯是息息相關。也有很大的想法啟蒙是看到過去父親的求職方式，在年幼時父親辭掉司機工作，去當了工廠學徒，後來幾年後開了工廠，高中時家中工廠經營不擅而倒閉。之後看父親求職的方法，就是快速的翻起報紙，將求職欄密密麻麻的小格子用紅筆圈著想要面試的公司，圈了十幾個之後，就馬上撥電話約面試時間，出門帶著報紙與地址，騎著摩托車去四處面試，只需要一兩天就能找到工作，這跟我在電視上看到找求職要花好幾個月、半年以上的時間才能找到工作有相當大的落差，這一定有許多求職背後的想法與做法有差異。

退伍之後開始求職，曾經從事過一年的業務工作經驗，發現到找工作的好方法，因為做業務開發客源是需要不斷的大量撒網、散播訊息，不斷的想要把曝光資訊讓更多人知道。當外面下雨時，沒辦法外出開發新客戶時，就會拿著公司所提供的企業名單，將電話號碼花半天或一天的時間撥打電話，一個上午可以撥打二十通左右的電話。天氣好時也不斷地在四處開發新客戶，俗稱的掃大樓、發傳單，不斷的陌生拜訪來開發新客戶，這些都是需要投入許多精神與前置作業，才能將需要產品的潛在客戶找出來，一百間公司可能只有兩三家公司會接受產品，所以要找出這兩三家有需求的公司，或是還在猶豫中的客戶，透過努力提供解決方案，成為我們的真正顧客。所以業務最重要的第一步就是要不斷地找出需求者，所以會不斷地面對被對方拒絕，甚至被趕出大門的狀況發生，可是這也是非常重要的經驗，因為過去有了業務的工作經驗，所以了解到無論我們的產品是好是壞，都會有一定的需求者需要我們的產品，這就像是我們在求職找工作是相同的觀念，因為有很多公司雖然不接受我們的能力而無法在那間公司工作，但我們的能力一定會與某些公司在能力、個性、觀念上是契合的，所以在求職與業務不斷的開發新客戶是可以使用相同的方法，透過大量的釋放出求職訊息，來找出求職者與企業都契合的機會，並不是由求職者單方面想像，認為要先挑到一個自己覺得最適合的公司才丟出履歷，但公司不見得有跟你相同的想法，不見得會認為你適合這間公司，因為他們還有很多面試者可以選擇。所以這也像做業務一樣，無論業務員多努力地向一個沒有需要的人推銷商品，這個人也不會需要這個產品。所以業務並不是要一直對著沒有需求的人不斷推銷，而是要去找出真正有需求的消費者，所以要找出需要這位求職者的公司，這是過去從事業務工作所學到的經驗。

在過去也看到身邊的親朋好友們，在求職過程中有許多的不順利，也大致了解其他人對求職的方法與想法上都不太相同，有些人是需要一段長時間才能謀求到一份工作，甚至只要覺得有工作就可以了，做什麼都可以接受。於是將自己的求職經驗分享給周遭的親朋好友，短期內就看到成效，工作職業他們也相當滿意，當不斷地把這些經驗想法分享給更多人時，發現這些經驗的確是可行，所以也決定把這些經驗分享給更多人，這就是想寫這本書的目的。

給特定族群的建議

職場新鮮人

本書著重目標是縮短求職待業的時間，與找出適合且相對高薪的工作。但有幾個原因不宜將高薪放在求職的第一個的重點，例如年輕人剛出社會的第一份工作與學校所學習的領域無關難以加分，或是在過去尚未從事過相關領域，不建議以高薪為最主要的選擇考量。工作最基本的要求就是薪資跟勞工權利不能被壓榨，勞保與健保是政府要求企業提供的基本保障，並不算是公司額外特別提供的福利項目。

近年來經常聽到２２K這名詞，但其實對年輕人來說這聽一聽就好，如果真的遇到２２K的工作，那我們也可以選擇去別間公司上班，因為低薪就表示這間公司的獲利能力不佳，沒有正常的薪資預算來聘請員工，所以連員工的基本薪資都要壓榨，那公司又能有什麼條件留得住員工。

所以先選擇有符合基本條件的公司，不求初出茅廬就能進入頂尖企業，但也不要選擇一間經營不善、體質有問題的公司。第一份工作最優先要考量的是累積工作經驗，再來接下來第二份、第三份工作就可以試著要求高薪的薪資，因為我們已經有一定的技術與經驗水準。

職場所學的技能大多偏重在商業行為，所以在職場所學習的經驗，可以快速的在相同領域的新公司發揮即戰力與快速上手的實力。配合閱讀相關書籍上所學的技能應用在職場領域，雖然在不同的產業需要的技能專長皆不太相同，不同的工作也會有需要不同的擅長強項，某些專長可能在某公司來說已經有足以應用的知識水準，但也有可能在另一間公司又需要不同的技術能力。所以在新工作一定有需要調整學習的方向。就算是頂尖學校畢業的高材生，進入所擅長的工作領域，也一定有許多不懂的知識內容，所以學習是一輩子的事情。

雖然社會新鮮人的工作經歷是零，但切勿任意點頭接受低薪工作，或認為沒有條件談所希望從事的職業，不見得在求職的任何事情上都要妥協，甚至是資深工作者，都要知道好工作是談出來的，並不是有多少能力要求多少薪資這麼單純，很多細結需要勞資雙方的溝通，因為我的想法跟公司的想法、立場一定會不太相同，必須要溝通、理解才能了解到我們的能力在公司可以發揮多少，再來考量薪資與經驗上的平衡點。

求職不需要認為找到的公司可以順利的工作到退休，因為市場需求不斷的革新，新型態的工作需求不斷被創造，過時的產業或獲利不佳的企業很快就會關門，所以對於一般勞工來說，一生的工作都可能會換到五六家不同的公司或工作類型，所以不要認為這一個工作就是唯一的工作，這樣在選擇工作與公司時，就會給自己太多的壓力與限制，認為我們非要找到最理想、最完美的工作不可，這樣找工作的方式就有可能會找不到，因為太好的公司我們進不去，太差的工作我們又不想做，那要如何找到剛剛好的工作時，又覺得好像沒辦法在這裡待很長久，這樣工作一找找好幾個月甚至半年以上的時間，這些在於我們未來的發展成本上，都是影響非常大，因為我們花了太多的時間在找工作甚至等待工作，很可能沒辦法直接在真正的職場上學習到相關的技能，等於找工作的空窗期，是沒有在進步的，所以在我們未來在職涯發展上要能快速的進步，最主要就是在換工作時，不能花太多的時間在慢慢地找工作，因為找工作的空窗期損失的不只是金錢，還有失去這段時間在職場上的工作經驗，所以要控制好找工作的時間，才符合就業的投資報酬率。

對新鮮人來說就是不清楚該選擇什麼工作，因為在學校所學的相關科系在職場上可能很難找得到相關的工作讓我們學以致用，但有幾個重要的大方向可以評估，工作是否符合我們的個性、態度，例如：在一般辦公室裡面每天坐在位置上的文書方面工作適不適合我，想想看我其實比較喜歡在外面與人溝通，做一些行銷企畫的內容，如果想著這個工作會覺得讓你開心，那就可以試著找這樣的工作來應徵。當然可能的一個工作是試水溫，來了解自己的性向適不適合在這行業上，但這個嘗試的前提是，這公司的問題不大，在這個工作至少要能做滿半年時間，雖然這個工作對我們來說可能興趣不大，但在這個工作來說，這個第一次的就業就能把這間公司的工作該要會的基本的能力了解清楚，就算未來不是從事相關的工作內容，但也學到了許多經驗，工作一開始最重要的就是學習經驗，而不是馬上急著要找高薪的工作，不是說要接受低薪，重要的是如何在社會上學會到工作內容做好的技巧在，學到的不只是某塊領域的專業知識，還要知道如何跟職場上的同事交流、學習、請教，跟過去以往在學校被動接收資訊的方式是不同，所以再強調一次，對於剛畢業的學生來說，或是過去沒有打工經驗來說，第一個就是先求符合個性、性向的工作。第二個不要把第一份工作就要當成唯一的一個工作，不用想著進去就要做到退休。第三個是工作了一陣子可能發現這個工作好像不適合我，但至少也要把手上該會的工作內容與專長全部了解也懂得運用，這至少在離開時，是帶著經驗與方法離開，而不是覺得自己在工作上無法勝任就馬上換工作，這樣是不會有任何的經驗收穫。不要認為找工作是非常困難，像電視上薪水只能２２Ｋ，找工作都要花半年以上的時間，不要把電視誇大的內容套用到我們身上，因為我們可以選擇不接受，除非萬不得已，盡量不要把自己套用過於廉價的薪資報酬。

如果我們是目前還是學生，還沒有開始正式工作時，或是還要好幾年才開始工作，那寒暑假或下課之後的打工經驗也是滿重要的，我的第一份打工經驗是在３Ｃ資訊賣場，國中時因為喜歡玩電腦，就常常逛資訊賣場，而巧遇認識了賣場裡面的副店長，偶爾會撥電話詢問電腦硬體該怎麼安裝，缺少什麼需要購買的硬體零件，在電話中也順便聊了一些學習方法，因而有機會進去賣場打工學習電腦的基本知識，但副店長也提供給我薪資，做了幾個月個人對於這方面似乎也不適合我，但發現了自己對於銷售方面是有興趣的，所以在當兵退伍之後的工作也從事過業務銷售方面的工作，雖然目前從事的是網站方面的程式設計師，但過去從事的業務銷售經驗對於現在來說，還是相當的有用，因為過去那些工作也影響著未來我在工作時，與人交談或是有些特別想法時，就會有跟現在同事上有著不同的經驗與想法，所以反而在某些狀況下，可以把過去的工作經驗技巧，運用到現在的職場上，這些都是偶然但卻非常巧合發生的事情。所以不要認為做了沒興趣的工作就好像一切都白學，只要我們確認好工作的方向，當發現某些特定領域的工作就是我們想要做的工作時，就持續地尋找相關的工作，最好能把現在所學的經驗持續發展延伸到下一間工作上，繼續將過去的經驗專長發揮在新的工作領域，而不是隨便找些不相關領域的工作，例如前一個工作是加油站、下一個是餐廳服務員，在下一間是業務或是搬家公司等沒有關聯性的行業隨便嘗試，這樣就無法把過去所學習的經驗累積在未來的工作上持續的延伸運用，等到下一個新工作，就可能還是做沒有經驗的新人工作，除非我們有計畫好這些工作經驗是能在未來的工作上可以組合運用，不然一般不太建議隨意地進入跟現有領域不相關的工作內容。

服務業求職的技巧與建議

在各行各業面試的情況都不太一樣，以服務業來說因為工作時間較長，店長或許也沒有充足的時間可以面試求職者，面試時間是不固定、零散，所以可能少有時間能仔細地了解求職者的過去的工作經驗。而從事服務業最需要的是人格特質上的穩定，也就是面對顧客需要非常好的耐心與抗壓性，所以對主管來說最看重的就是態度，所以我們需要適時表現出熱忱，需要專注的了解店長所吩咐的每一件事情。所以在自傳內容也必須充分的表達出對於工作的熱情與良好抗壓性，在人格特質上請多描述清楚。

前往面試的一個小時前，請先充分的練習好面試會被問到的內容，先將態度與情緒提升到最高點，比較能在面試當下展現出積極的態度與工作熱情，給予主管好的印象，將面試時的態度繼續延伸落實在職場工作。我們不必在意過去的工作經驗是否充足，也不必擔心是否沒有作品可以呈現，這其實並不太重要，唯一最該表現出來的就是良好的個性態度與耐心與細心，這是服務業最重視的品格能力。在台灣大多數的工作都是服務業，雖然職缺相當多，但求職者也不少，所以如何表現出上述良好的人格特質，是獲得工作的最重要關鍵。

轉職不同領域的工作者

當我們工作數年的時間之後，或許才驚覺發現，心裡真正想要做的工作是與現在並不相關的工作，等到發現對別的領域很有興趣，在往後的日子裡，每天朝思暮想，思考著轉職到底是不是正確的選擇。每個人轉職都有著不同的原因。我們要思考的是在轉換跑道後，能不能把之前學會的技能應用在之後的工作。當決定轉換跑道前，最基本的幾個評估是轉換跑道的薪資護會不會比過去的薪資低，也可能要接受主管或同事年紀都比你小，必須要放下過去領域所擁有的身段來重新學習。

在轉換跑道時，究竟有多少的籌碼都必須要先評估，對於不同領域的工作究竟了解多少，試著先去學習新領域的專長，比如閱讀相關書籍或上網了解實際工作方向，甚至試著實驗性的先模擬演練，這些條件評估的越多，越不用擔心工作一進去就無法適應。努力了解其他人從事此領域所寫的工作經驗談，也可詢問有經驗的人，詢問除了個人目前所已知的事項外，還應該還要再多準備些什麼？

要做過去不曾真正做過的事情，最重要的就是要敢做、努力學，除了上班時間外，在剛進去新工作的前面幾個月裡，下班回到家如果還有體力，建議持續的補足目前還不會的工作技能，一開始做新領域一定有很多不懂得觀念，回到家後繼續的研究，才能在新工作快速得心應手。

從事過去沒有做過的內容，很可能在新跑道中做得不順手，不但被罵甚至還被公司要求走路，都是有可能發生的狀況，但是請不要氣餒，因為我們已經決定要做這個領域的工作，所以請保持平常心、不要氣餒，下一份繼續找相同領域的工作，我們已經在前一個被炒魷魚的公司學會了經驗，只要持續養成新習慣與檢討之前的錯誤後，接下來的工作一定會比原本還更快上手。

我以前在學生時期的興趣是學習做網站，但在剛出了社會之後，並沒有實際在任何公司有打工或做過網站的實際經驗，但還是硬著頭皮，在網路上找到一間小公司，開始了人生的第一個製作網站工作，但因為是在一間人數精簡的小公司，所以並沒有其他人可以指導我這方面的工作，在前一個月有跟原本在這職位上的同仁請教並交接工作，而那間公司主管也並沒有這麼挑剔我這麼不成熟的專長，也放手讓我去做，但因為之前沒有過實際經驗，加上公司網站是已經製作完成，原本所使用的程式是過去不曾學習過，當時連網站需要使用資料庫、美術排版等專長相關的知識，我都完全都不懂，花了兩個多月的時間每天回到家繼續研究、在公司也研究之前同仁是怎麼製作這網站，最後還是沒辦法順利的把網站設計工作做好，最後被公司老闆要求走路。被要求離職的當時，的確是能力不足，但在這兩個月時間內學會很多，跟過去自己翻書學習所知道的知識進步太多了，所以在接下來的工作一樣繼續找設計網站的職缺，又找到了一間也需要網站設計的小型公司，將之前所學過的經驗在套用到新工作上，而新公司也一樣給我時間摸索，給予新人一段摸索時間，所以在第二份工作就開始穩定並順利地開始完成製作網站這份工作，直到我當兵才離開那間公司。之

尚未成功的階段，才是真正的努力

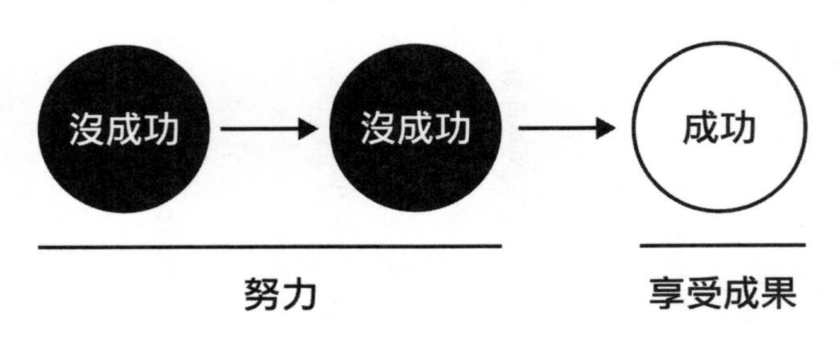

後的工作內容雖然中途有轉換到不同領域的工作，但之後再回來從事相關的網站設計領域，還是一樣可以很快的上手。一路走來發現最關鍵的問題是在一開始雖然新的工作不順利，但只要持續的學習與不放棄，一定能順利達到目的。在新工作最困難的不是學會新的經驗與技術，而是需要有一種思想，讓自己習慣在新的領域內不會放棄、堅持下去的思維，養成習慣與做事的執行力才是最重要的關鍵。

如何在新的領域，養成新的習慣，如何拋棄掉過去工作的規矩，這才是最重要的功課，只要掌握學習新習慣的方法就可以很順利地轉換跑道，同時也要有心理準備能接受可能會有數次失敗的工作經驗，雖然會覺得被解雇很沒面子，但之後一定可以實現當初的想法，進入預期的領域持續發展。

在新工作就算是與過去相同的職業類型，都很可能會同時跨到不同領域的工作內容，比如個人從事網站相關工作，就會牽扯到包含網站美術設計與程式設計與網路設備的硬體架構，從事除了自身所需要的深度之外，也要懂得相關知識的廣度，甚至同時要會好幾種不同領域的技能，尤其在中小企業來說，如果一間公司只有十個人，就不太可能突然聘請許多人來從事每個人所擅長的領域工作，就需要一人分飾多角。

原本從事一個熟悉的工作領域，轉換到不曾從事過的新工作，會有種重新回到校園的感覺，因為原本在某個領域很專門的人，變回要像剛出社會的新鮮人一樣重新學習，這對有相當工作經驗的人來說，可能會不習慣這樣的身份改變，所以如何要調適的是自己的心理想法是需要不斷的靜下心思考，因為會過去的工作經驗，會有許多特定的思考習慣，過去許多的工作方法，可能在新工作都完全不適合，所以把原本舊有的工作模式徹底忘記，才有辦法去吸收新的知識。

不要將過去的工作經驗急著帶到新的工作內，我們要先花費比較多的時間，來學習新領域的工作內容，等到我們工作一段時間，上手之後才開始規劃，如何把過去工作方法套到現在的工作。當帶著過去的經驗包袱，就容易綁手綁腳，無法在新領域發揮。不要去比較過去與現在工作上的差異，就不會有得失心，當轉換到新的不同領域，最容易遇到的難題就是忘記過去年輕時所曾受過的挫折。而現在有了勇敢的決心，來決定換不同的跑道，表示我們已經有了非常努力求進步的思維，這點就已經非常優秀值得讚揚。

遇到挫折時，努力保持正面積極的思考態度，就不必擔心被擊倒。如果在新的領域稍做不順利就想回原本的舊跑道，有這樣的想法請趕快忘記吧！就算真的回去了也是重新來過，無論如何，在新工作領域要持續的堅持、再堅持下去，就算還尚未通過試用期而被公司炒魷魚了，但只要想著，我們是在新的領域，做不上手而被炒魷魚，這是很正常的事情，請不要氣餒，請在下一份工作持續尋找相同的領域，我們已經經歷過前面轉換跑道的可貴經驗，在下一次工作一定會比前次的不成功經驗能快掌握到重點，因為過去的不成功就是下一次成功的門票。第一次的經驗是非常的有幫助，尤其是失敗的經驗，因為已經學會了過去不曾看過、做過的經驗，下一份工作一定會更順利，只要持續地進行，一定會在新的工作領域做得非常順利。

對大部分的工作者來說，在某一個工作領域做久了以後，工作給予成長進步的幅度就會慢慢減少，因為已經習慣相同工作內容，每天重複相同的事情，而沒有持續學習新的經驗，就沒有持續的追求進步。

做不曾做過的事情，就是從零分進步到六十分大幅度進步，而對於在做相同的題目，花了許多的時間，卻可能只是從八十分進步到八十五分，所以學習新領域的經驗，會遠遠超過那些在相同領域待得久的人收穫來得更多。所以請不要放棄，請繼續的學習，持續地在這新的領域裡面持續的學習、努力，適當調整自己在新領域不足的部分，看看這領域工作的前輩他們掌握的是什麼關鍵，而我們新人所缺乏的是什麼技巧。

想從事與過去不同領域的職業與工作，其實最難的事情並不是學習新技術，而是如何調整自己的心理態度，如何持續保持旺盛的學習精神，不執著追求個人的空閒時間。要跨不同領域的工作並沒有這麼困難，而是在於學習的態度或方法上面不要被定型，要能不斷的調適自己的想法，持續地保持積極、熱情，就可以很快的習慣新的工作領域。

中年過渡時期的工作者

父親在過去中年失業時，卻很快就能找到工作，並不是父親有過人專長，而是用最簡單的方式，直接翻報紙快速不斷安排面試，只要有機會就去面試洽談，不預設立場認為自己適不適合，直接面談會比自己想像來得準，所以能縮短待業的空窗期。許多求職者從工作求職欄上慢慢看個好幾天，或是報紙上面看了很久，從幾百個裡面只選出一個覺得最滿意的工作，因為思考、顧慮得很多，所以還沒主動撥電話來安排面試，就花了太多心力挑了很久，花了好幾天才看中一個最滿意的工作，此時才寄出履歷或撥電話期望安排面試，但這樣就會造成了一個大問題，或許我們覺得自己有符合工作條件，但對方公司並不認為你符合條件的認知上差異，這並不是中年才會發生的問題，而是在任何年紀都會遇到認知差異過大的狀況。

求職困難的原因，可能是過去的專長與經驗，在其他公司已經是落伍的技術方法。或是如果過去不曾從事過相關領域的工作，很多公司就想要找年輕人，因為薪資便宜，或主管認為年輕人比較好帶，這是主管可能有的刻板印象，所以對於求職者去面談，需要思考如何能讓主管能夠放心。

如果工作碰到對方年紀比自己小或經驗比自己不足時，有個很重要的想法是我們必須要放下過去的身段，放下過去所懂的經驗與技術，雖然已經經歷過許多人不曾經歷過的事情，在某方面已經學會了很多東西，但我們並不是只能按照過去的舊方法做事，我們還是保有學習新技術的態度，能夠適應新的方法，強調我們在這間公司配合度依然可以很高。

在面談時候不要太強調過去是怎麼當主管，或是過去有多強悍的經歷，想要急著證明自己的能力，這反而可能把面試主管給比下去，而讓主管不敢聘用你，因為對於比較年輕就擔任主管的人來說，最擔心的不是你比較他強，而是你有過去的專長經驗，反而限制了未來主管要教你新的方法時，擔心你會不斷地找過去的理由與經驗來跟主管理論，這樣身為主管來說壓力就會很大，所以如果自己的想法過於執著，就很可能會反客為主，身為主管會排斥有這樣狀況的部屬，這也可能發生在能力優秀或是工作有相當經驗的中年人身上，所以我們要避免有這樣的狀況發生，不光是在面試時表現低調、隨和、好相處，更強調我們是個懂得做好服從者的角色。

放下身段去接受新的主管經驗比你少或能力不如你，過去或許自己是屬於帶人的領導者，在有新工作之前，第一件事情就是要調整好心態才去求職，跟主管溝通的過程中，讓主管放心知道我們已經做好了重新開始的心理準備，讓主管放心地知道說我們不是一個很難控制的人，因為我們是要把事情做好，而不是去篡位當霸王，假設是要當主管帶人的角色，對上還是要表現得好配合，不管是做什麼階級的職位，我們都必須要放下過去的身段。

只要能放下身段，接下來談到過去的專長經驗，表現出來的態度才會顯得中肯，盡量以旁人的角度來分析自己，例如提到過去在工作上曾經有什麼樣的表現或優勢，過去的經驗在目前工作可能有些不適用，但之後會再花時間了解差異性，把新的工作內容與流程仔細解析，雖然過去是使用了某一種工作流程，但相信在目前的公司，一定會有不同的做法與需求，都會願意配合改變。有了以上的說明可以減少主管對於面試者比他強、比他經驗豐富和優秀而產生出的壓迫感，主管才能放下對於年齡、經驗差異的包袱問題。

中年時期與剛畢業的新鮮人求職，都是必需要具備良好的溝通技巧，雖然心態上不如年輕人有衝勁，但擁有更多的實戰經驗與危機處理能力，一樣要保持不斷的學習與養成傾聽別人說話的習慣，例如在求職面試結束時，請詢問一下面試官，對於剛才面試覺得我有什麼觀念是需要改進，還需要在加強哪方面的技能，或是有什麼可以建議我改進的方向，這些問題請務必要問面試主管，這也會有許多好處，例如能加深主管對於這場面試的印象，也更能了解到你是個可以溝通、傾聽想法的好聽眾，也懂得尊重其他人的意見，在面試結束後的溝通也能找出自己對於工作的盲點是什麼，因為已經太久沒有應徵求職，會有許多疏忽的事情該改進，這就像年輕人初次找工作缺乏經驗相同的道理，所以求職要能有良好溝通能力，必能順利取得主管的信任。

如果過去在一家公司已經待了許久的時間，之後轉任職另一家新的公司，就容易產生多年來已經遺忘掉年輕時對任何事情的適應能力，也忘了如何以新人的態度來主動認識資深同事，或是要做不再是過去所熟悉的工作流程而感到無力。

在面試時或許會遇到面試官的年紀比自己小到甚至能當兒子，或是工作同事都非常年輕，心理容易為了面子而不好意思開口請教或主動幫忙。要如何放下曾經習慣已久的一切，來重新學習與面對跟過去不同的人事時地物。不只是學習新的知識，更要學習如何習慣這些不習慣的過程。或許曾經的薪資是很高的、或許過去都是擔任主管職務帶領下屬、或許過去的同仁年紀都是相仿。無論如何，只要先有心理準備調整好心態，保持平常心，在面試時，讓主管知道過去的工作經驗如何能運用在新的工作領域上，並能持續發揮價值，或是有過去的資深經驗，所以對於新的技術也能很快地學習並掌握重點，並不會因為過去的經驗，變成無法學習新事物的老頑固，讓面試官知道我們的個性是能積極學習，還是個性穩定又好配合的好員工，不會因為過去的經驗而驕傲。

在過去身為主管就會習慣講得多、分享知識得多，要求團隊照自己的方式做，認為自己掌握的是真理，所以別人必須聽從我正確的觀念，但我們要改變習慣，去好好傾聽年輕且經驗不足的同仁，少講、多聽，因為可能過去認知的真理並不適合套用在別人的工作上。

如果求職已經是長期的不順利，也請適時重新思考是否要調降對於求職的標準，不用過去的標準來找新公司。求職不順利可能並非對方公司眼高手低，而是請不起專家，因為過去的薪資待遇是不斷累積向上疊到峰頂，但畢竟不是每間公司徵才都能有這麼多的高額預算，或市場並沒有太多職缺能完美對應到每一位求職者的專業領域。在職缺對應不平衡的情況下，就必須要有過渡時期來先放下身段，來對應想要的薪資與職業內容，但也至少也能先有薪資收入，而不會只是一個滿分才工作或零分就要失業的情況。先求有、再求好，適時地運用自己的人脈，工作之餘，在尋求更好的工作機會，來找到符合自己能力條件的工作。

也請給更多的信心，告訴自己有多優秀，並不是因為充滿了缺點而無法順利求職，而是條件太好反而沒有太多公司聘請得起，市場上的專業職缺是需要花費時間來教育公司我們的重要性，所以找工作比較好的方式，是建議大量的投遞履歷與親自前往面談，不要給自己設下了太多的限制條件，不管對方公司所訴求的資訊是否滿意，盡你所能的親自前往面談，不要輕易錯失任何一個能將你價值發揮到新工作的機會，沒有出現你要的職缺並不是公司不需要，而是公司並不知道他們其實很需要，這時就有我們該去發揮的價值。

給還沒決定職業的你

在即將或還沒成為社會新鮮人的你，在還沒有工作經驗的時候，根本不曉得到底是否真的適合當初所認定的選擇？好像各種工作型態都可以接受，但也不知道真正的心之所向。

以剛畢業的年輕人來說，如果沒其他強烈想法，可以先照著原本學校所選擇的科系當作主要求職方向，因為過去已經努力多年時間在學習這領域的專業知識，不要輕易地認為在學校所學內容似乎枯燥，就認定自己沒有興趣，而排斥這領域的工作。如果沒有其他選擇，請不要輕易放棄求學所累積的經驗。相信過去在求學階段，可能已經先依過去的興趣或直覺做了最關鍵的決定，雖然科系可能因為分數或是父母給你的建議，或是過去因為沒想清楚而選錯了科系，導致於出了社會並不願意從事此領域工作。畢竟是過去學習多年的經驗，請給過去所選擇的科系一個機會，為自己過去的選擇盡一些努力，就算對於曾經求學的內容沒有興趣，覺得進入學校學習後認為跟自己曾經想像的不一樣，但不代表職場工作就會像念書乏味一樣引不起你的興趣，所以請先將過去所學的知識技術來當作選擇工作的優先考量。

如果所學的是冷門科系，在求職職缺的選擇或許並不多，在工作方面很難找得到完全能學以致用的工作內容，就可以先思考還有哪些職缺是有關聯性，如果是農業，就可先找跟農業有關係的公司產品或服務，在求職網站上搜尋跟農業有關聯的公司，再視個性來決定想要嘗試業務或內勤性質的工作。先依照個性決定工作類型，再來決定產業型態。如果在工作上不順利，請不要急著把問題誤解原因是因為沒有興趣或天分。接下來還是可以再次嘗試相同領域的工作，因為工作不順利或是其他原因離職，並不是因為不適合或是對這領域沒有興趣，因為每一間公司的經營理念或工作職缺都有不同程度上的差異，或許這間公司有你最不能接受的問題，而下一間公司完全沒有這些問題或已經解決了問題，所以企業組織的經營理念，會比工作類型有更關鍵的影響，或許是組織運作缺乏合作關係，或是工作缺乏挑戰性或薪資升遷福利不佳，導致於不喜歡這家公司，而並不是對自己選擇的領域沒興趣。

不知道該如何選擇未來的職業或暫時沒有就職想法，選擇繼續念書或拚考公務員，想法是認為能有一個工作就好了，這也是對於未來的一種選擇，但也必須要先評估好目標達成的可能性，才做這些決定，否則最後是不可能會有結果。公務員考試人數非常多，要出人頭地的門檻非常高，如果對於讀書考試非常有把握就可以往此目標前進。如果有特別想一展長才的夢想，在民營企業磨練工作技能，能接觸到相關領域的企業技能，不會被限制住未來只能在公家單位服務，成為公務員日後要注意是否太處於安逸的生活而限制了未來的成長空間，或是發現根本無法適應公務員的生涯，而另想轉換事業跑道。做錯了選擇就會耗費掉許多精力與時間，因為過去拚考公務員，花費許多學習時間來努力進修，導致雖然擊敗眾人進入了高門檻的工作，但因為對於公務員的工作內容沒興趣，又覺得放棄掉之前的努力很可惜，那就很可能會把自己卡在不上不下的位置，反而對於職涯生活感到無奈。所以如果能從民營企業為優先考量，先實際確認自己的工作性向適合哪種類型的工作。

還在求學階段，可以先找一份工讀生工作，來了解到這領域到底適不適合，而不會畢業就要立刻決定過去曾未思考過的職涯方向。所以在求學時期的工讀經驗是非常有幫助，而打工的薪水是獎勵，並不是工讀的最重要目的。

簡單、輕鬆的工作內容不該是求職的考慮因素，而是要去了解工作能否愉快，是否能學得到許多專業知識。來嘗試分析並思考我們為何要選擇這個職業？原因是什麼？選擇這職業可能會遇到的狀況是什麼？請在紙張的中央先畫下一條線，在左邊區塊條列式的寫下來工作優點、好處所有選擇這職業的原因，再將選擇這職業會遇到的問題、缺點是什麼，條列式的寫在右邊區塊。當把這職業所有的優點與缺點，在左右兩邊各自列出，比較兩邊數量的多寡，就能明顯了解到自己對於這工作的意願與這工作對於你個人的接受程度。再將列出來的這些想法在網路上比較別人對於工作的認知，能減少實際就職時才發現想法與實際有太大的落差。

工作不順利，一直換工作

我年輕時期換過許多工作，學習不同領域的新知識，在帶著興趣與幻想進入了期望的工作職場，才發現與想像有很大的落差，所以工作時間都只有短暫數月。坊間有很多補習班可以學英文、鋼琴、插花、舞蹈、電腦，如果以為學過課程就可以順利從事相關工作，領到求職的工作門票，這是過度浪漫的想法。

學習專長與實際進入企業實際工作會有許多落差，因為學生只是照老師教授的內容去做，只要繳交學費，補習班老師就會教授內容，有了知識但還沒有累積經驗。學習了知識但是否能實際運用在工作內容。所以最困難的不是我們擁有什麼專長，而在於如何與人相處、遇到問題的應變方法。不管從事任何領域的工作，能把事情做好、做完，與同事之間可以溝通配合，將主管交代的任務明確理解並有效進行，懂得掌握個人的工作進度，能評估自己能用多少時間來完成工作，這其實才是上班最需要的做事能力。所以知識與技術並不是工作的全部，而是要專注在工作的方法與態度。

花時間了解工作不順利的原因，到底是技術能力的不足還是工作態度、學習方法不正確，有什麼自身沒注意到的問題，導致於工作不順利，不要急著認定為知識不足，或者是對工作領域沒興趣，就立刻放棄而轉換跑道，誤認為能解決工作不順利的問題。

學習知識或專業技術，是得到一項職場工具，所以每個人可以不斷的獲得許多各種職場工具，但有了工具並不會帶來財富，如何善用工具才能製造出財富。如果不將手上工具活用，就算換了十幾種工具，換了十幾種工作，那也只是不斷地換著不擅長的工具來做不擅長的事情。工作必須要先有一項最擅長的工具，而非急著找了一堆工具而綁手綁腳，公司讓我們使用自己擅長的工具來做某項工作，如何運用好手上的工具，與同仁所擅長的工具搭配運用。我們需要時間來克服還不擅長的任務，遇到困難不要急著就放棄，就認為自己不適合這工作，不要把問題歸咎在我們所學的工具上，問題很可能不是出於工具不好，或是覺得對這職業專長不喜歡，而是在於我們沒有掌握好工具以外問題，例如人際關係或情緒管理等非技術專長的問題，當我們沒有掌握好這些問題，就有可能會在工作上遇到不順遂，而間接或直接的影響到我們的情緒與工作表現，所以要先解決的問題是在人事相處方面、做事態度方面，在自己學習的態度上面是不是應該要有所調整，要去包容、克服這些問題，最後才是思考是不是自己做錯了興趣的工作，到底在這方面領域適不適合。

要花錢給坊間的補習班是很簡單的事情，但最難的是如果在工作上不順遂，問題可能不是因為對這工作沒興趣，也並不是有其他更想做的事情，或許是老闆、同事對你不友善排擠你，也或許是薪水太少，或工作內容太累，所以導致於自己不喜歡這份工作，而不喜歡的原因是在不喜歡工作的內容，或不喜歡工作所接觸到的老闆或同仁，而並不是不喜歡這個領域與自己所會的知識與專長，所以其實在各行各業來說，還是可以找出需要這個技術與領域的專長，但並不是在於過去認為只有某個領域才需要這個技能與職業，我們也可以在其他領域來發揮我們的專長，寫程式不一定要在科技公司上班，並沒有強硬的規定什麼職業只能在相同領域的公司上班，例如當廚師不見得就要在餐廳工作，可能會是在某間企業所聘請的廚師，或有不是科技公司，卻也需要科技人才幫公司做些其他同事都不會做的事情。

可以轉換同樣需要這些技術能力的工作，但這些公司要求的技術能力並不是需要非常高，只是需要有相關經驗的人才，只要過去有這方面的經驗，就可以運用在下一個工作內容，先專注你的技術專長，如果換工作也要讓自己使用相同的技術專長，不要隨意更換成你不擅長的領域，讓自己保有至少一樣別人無法取代你的技術專長。

最後留給求職的思考題目

1.求職遇到覺得挫折或困難的地方？

2.如果應徵時，面試主管很希望你進來這間公司，但能給薪不如你所希望，你會如何抉擇？

3.如果同時有兩間公司錄取你，但這兩間公司的優缺點差異很大，但各自都有很吸引你的地方，覺得最重要影響你決定的因素是哪項？

4.薪資高、工作愉快、工作具成就感，只能擇一，你的選擇會是哪一項？

5.如果有朋友也在求職，你想給他們哪些建議？

6.假如你是小公司主管，公司分配的預算無法請到有經驗的人，現在有三位求職者可以挑選，失業想轉換跑道、剛退伍學歷是普通高中、有相關經驗但個性怪異，請問你會怎麼選？

7.假如您是專業的人資主管，除了專業領域，您會想要出那些考題來詢問求職者？

國家圖書館出版品預行編目資料

這樣面試好厲害/陳俞升著
--初版--臺北市：博客思出版事業網：2019.12
ISBN：978-957-9267-41-0(平裝)

1.就業2.面試3.職場成功法

542.77　　108017204

商業管理8

這樣面試好厲害

作　　者：陳俞升
校　　對：李宛潔
編　　輯：楊容容
美　　編：塗宇樵
封面設計：塗宇樵
出版者：博客思出版事業網
發　　行：博客思出版事業網
地　　址：台北市中正區重慶南路1段121號8樓之14
電　　話：(02)2331-1675或(02)2331-1691
傳　　真：(02)2382-6225
E—MAIL：books5w@gmail.com或books5w@yahoo.com.tw
網路書店：http://bookstv.com.tw/
https://www.pcstore.com.tw/yesbooks/
博客來網路書店、博客思網路書店
三民書局、金石堂書店
總經銷：聯合發行股份有限公司
電　　話：(02)2917-8022 傳真：(02)2915-7212
劃撥戶名：蘭臺出版社帳號：18995335
香港代理：香港聯合零售有限公司
地　　址：香港新界大蒲汀麗路 36 號中華商務印刷大樓
C&CBuilding,36,Ting,Lai,Road,Tai,Po,New,Territories
電　　話：(852)2150-2100 傳真：(852)2356-0735
出版日期：2019年12月初版
定　　價：新臺幣300元整（平裝）
ISBN：978-957-9267-41-0